CA/Sc.&techn.

Références sciences

005

AF855324

La programmation facile avec Scratch

Rousselet Michel

ANNULÉ

Carré d'Art
BIBLIOTHÈQUE
Nîmes

ellipses

Collection Références sciences

dirigée par Paul de Laboulaye
paul.delaboulaye@editions-ellipses.fr

Retrouvez tous les livres de la collection et des extraits sur www.editions-ellipses.fr

ISBN 9782340-017900
©Ellipses Édition Marketing S.A., 2017
32, rue Bargue 75740 Paris cedex 15

DANGER
LE
PHOTOCOPILLAGE
TUE LE LIVRE

Le Code de la propriété intellectuelle n'autorisant, aux termes de l'article L. 122-5.2° et 3°a), d'une part, que les « copies ou reproductions strictement réservées à l'usage privé du copiste et non destinées à une utilisation collective », et d'autre part, que les analyses et les courtes citations dans un but d'exemple et d'illustration, « toute représentation ou reproduction intégrale ou partielle faite sans le consentement de l'auteur ou de ses ayants droit ou ayants cause est illicite » (art. L. 122-4).
Cette représentation ou reproduction, par quelque procédé que ce soit constituerait une contrefaçon sanctionnée par les articles L. 335-2 et suivants du Code de la propriété intellectuelle.

www.editions-ellipses.fr

A mes petits-enfants Lucie, Théo et Clara

Avant-propos

Le logiciel **Scratch** a été développé aux Etats-Unis par le MIT (Massachussetts Institute of Technology, USA). Ce *logiciel libre*, qui existe dans différentes langues, dont le français, permet de concevoir et d'écrire toutes sortes de programmes. On peut réaliser des jeux, dessiner des figures géométriques à la façon du logo des années 1970, exécuter des calculs ou encore constituer des listes de données et traiter des chaînes de caractères.

Pour construire un programme, on va chercher les « *briques* » qui portent les instructions nécessaires dans la *fenêtre centrale* et on les amène une à une, à l'aide de la souris, dans la *fenêtre d'écriture des programmes*. Là, on les assemble, un peu à la manière d'un jeu de lego. Selon la nature des instructions qu'elles portent, les briques ont des couleurs différentes. Par exemple, les *opérateurs* sont portées par des briques vertes, les instructions qui mettent le curseur en *mouvement* sont portées par des briques bleu foncé, etc. Il y a 9 couleurs en tout.

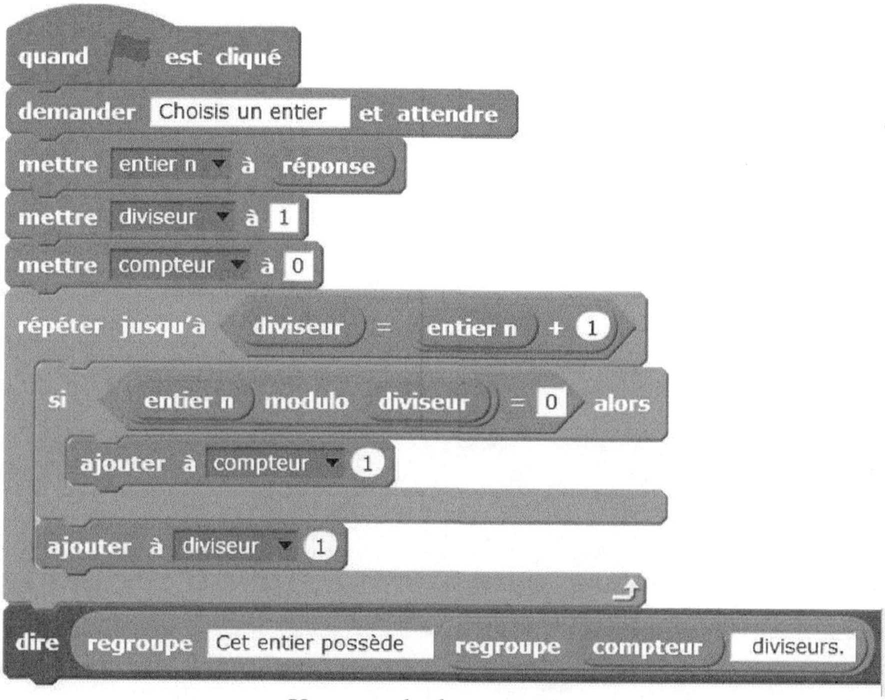

Un exemple de programme.

Ce mode de fonctionnement de Scratch élimine toute possibilité d'erreur de syntaxe puisqu'on transporte simplement des instructions déjà formées d'une fenêtre à une autre pour les assembler au sein du programme en construction.

Bien qu'il soit un langage ludique, ***Scratch*** possède néanmoins toutes les instructions nécessaires à la programmation structurée. On y trouve des *opérateurs* et des *fonctions numériques*, des *instructions conditionnelles* comme **si ... alors** et ***si ... alors .... sinon**, des instructions qui permettent de définir des *boucles* comme, par exemple, ***répéter n fois*** et ***répéter jusqu'à.***

En cas de besoin, les *blocs de programme* peuvent être détachés les uns des autres pour être modifiés, dupliqués ou supprimés. Quand les données nécessaires à son fonctionnement sont connues du programme, on peut *tester* chaque bloc séparément en faisant un double clic dessus. On examine alors, dans la fenêtre de gauche, les valeurs prises par les variables utilisées dans ce bloc pour savoir si elles sont conformes aux valeurs attendues.

Toutes ces qualités expliquent pourquoi **Scratch** peut grandement faciliter l'apprentissage de la ***programmation*** !

Sommaire

1. Les instructions de Scratch

Leçon 01 : premiers pas avec Scratch

Scratch est un langage informatique original qui permet d'écrire des programmes en transportant les instructions nécessaires de la fenêtre centrale à la fenêtre d'écriture.

1. Comment télécharger le logiciel Scratch 2.0 ?

Il faut aller sur le site **https://scratch.mit.edu/scratch2download/** et télécharger les deux logiciels **Scratch 2.0** et **Adobe Air**. Le deuxième logiciel est indispensable au fonctionnement du premier.

2. L'écran d'accueil de la version 2

Il se présente ainsi :

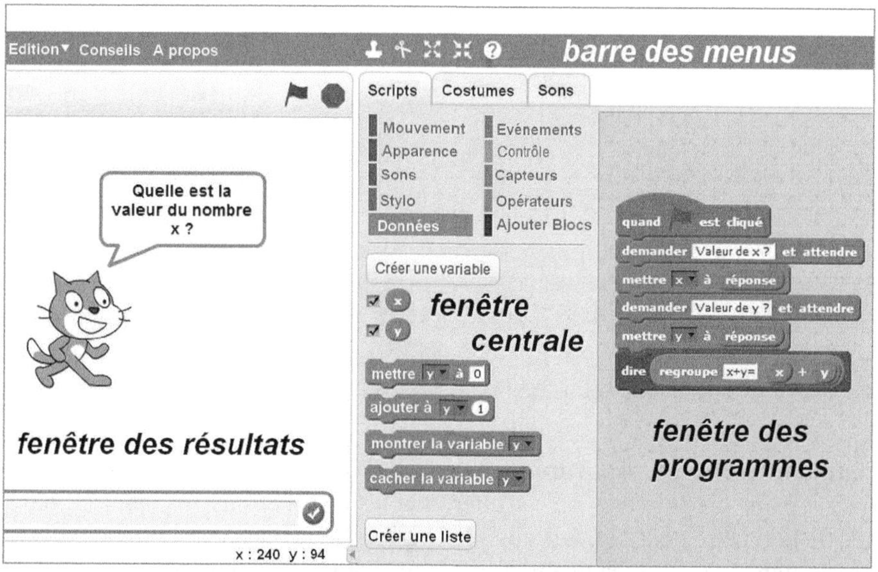

La ***barre des menus*** se trouve en haut de l'écran. De la gauche vers la droite, on y trouve :

- l'icône *mappemonde* qui permet de choisir la langue de travail ;
- les quatre menus ***Fichier, Edition, Conseils*** et ***A propos*** ;
- cinq icônes pour dupliquer, supprimer, augmenter ou réduire la taille du ***lutin*** qui est dessiné dans la fenêtre des résultats, un chat dans le cas présent.

La plus grande partie de l'écran est occupée par trois fenêtres de travail :

- la **fenêtre de gauche** est celle qui contient le dessin d'un chat. On y affiche les résultats des programmes et les données demandées par les programmes. En haut de la fenêtre, un drapeau vert sert à démarrer les programmes et un stop rouge sert à les arrêter.
- la **fenêtre centrale** présente les onglets ***Scripts, Arrière-plans*** et ***Sons.*** L'onglet ***Scripts*** offre **dix menus** qui contiennent les instructions nécessaires à la programmation. Le deuxième onglet permet de choisir l'arrière-plan qui peut être

affiché dans la fenêtre des résultats. Le troisième permet de choisir des sons qui peuvent accompagner l'affichage des résultats.
- la **fenêtre de droite** est celle dans laquelle on écrit les programmes.

3. Les instructions pour la programmation

Les instructions qui servent à l'élaboration des programmes sont placées sur des supports qu'on appelle des « **briques** ». On les trouve dans les menus de la fenêtre centrale. Voici par exemple les 8 instructions du menu ***Evénements*** :

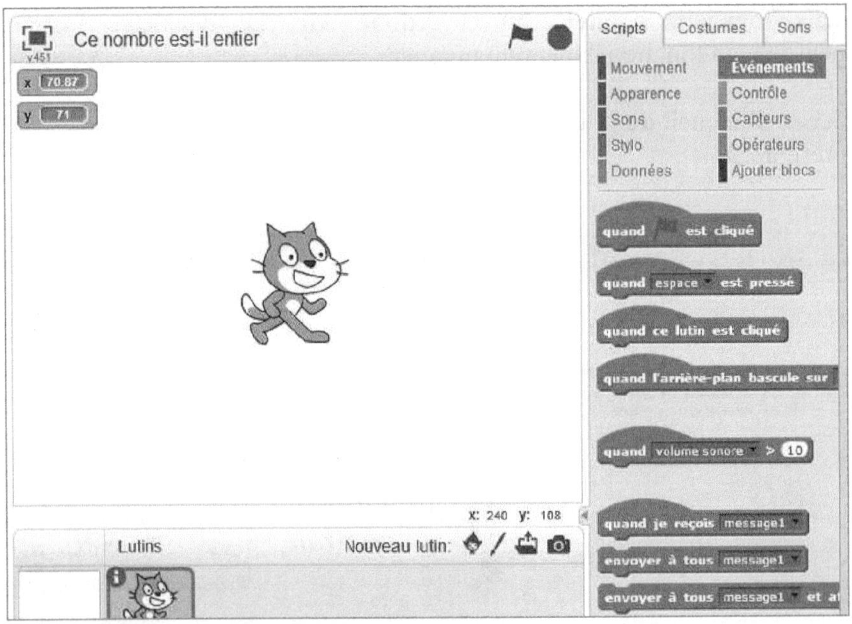

4. Comment écrire un programme ?

Pour écrire un programme, on va chercher les instructions nécessaires dans les menus de la fenêtre centrale. On saisit les briques avec la souris et on les transporte une à une dans la fenêtre de droite. Les briques doivent s'emboîter les unes dans les autres, du haut vers le bas.

On distingue les **instructions simples** et les **instructions composées.** Ces dernières sont formées par l'assemblage de plusieurs instructions simples. La figure qui suit montre une instruction simple et une instruction composée. La brique qui porte l'instruction simple est bleue mais l'instruction composée présente plusieurs couleurs car elle est formée de trois instructions simples qui proviennent de trois menus différents.

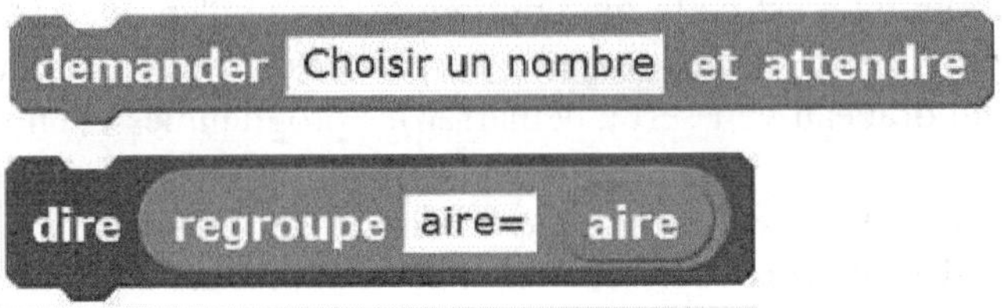

5. Les instructions d'entrée/sortie

Pour faire fonctionner un programme informatique, il faut lui fournir les données nécessaires. C'est pourquoi Scratch contient des instructions particulières qui servent à gérer l'**entrée des données**. D'autres instructions permettent d'afficher les résultats du **traitement de ces données**.

1°) Les deux instructions les plus souvent utilisées se trouvent dans le menu ***Capteurs.*** Les briques qui les portent sont de couleur bleue.

L'instruction ***demander … et attendre*** arrête le programme en cours et demande à l'utilisateur de fournir une donnée. Une fois validée, la donnée est mise en mémoire dans une variable spéciale appelée ***réponse***. Le programme reprend ensuite.

Attention ! Si le programme utilise deux fois de suite la variable ***réponse***, la deuxième donnée prend la place de la première, qui est immédiatement oubliée par le programme.

2°) Les instructions les plus utiles pour afficher les résultats du traitement des données se trouvent dans le menu ***Apparence*** et sont portées par des briques de couleur violette. Il y en a deux.

La première affiche un résultat pendant le temps indiqué tandis que la seconde l'affiche de manière permanente.

On doit écrire les textes et placer les nombres à afficher dans les espaces rectangulaires blancs réservés à cet usage. Comme le montre la figure qui suit, on peut également former une instruction composée avec les instructions ***dire*** et ***réponse***.

La brique bleue aux bords arrondis qui porte le nom *réponse* a été déposée par « aimantation » dans la zone circulaire blanche qui suit le mot ***dire***

6. Le démarrage d'un programme

Deux instructions servent au démarrage et à l'arrêt d'un programme. Celle qui permet de démarrer un programme se trouve dans le menu ***Evénements***. Elle s'appelle ***quand (drapeau vert) est cliqué*** et doit obligatoirement être placée au début de tout programme. Quand le programme est prêt, il suffit alors de cliquer sur le drapeau vert qui se trouve en haut de la fenêtre de gauche pour le démarrer.

L'instruction ***Arrêter*** se trouve dans le menu ***Contrôle***.

Pour arrêter un programme en cours de fonctionnement, on peut également cliquer sur le bouton stop rouge qui se trouve en haut de la fenêtre de gauche.

7. Trois petits programmes pour débuter

1°) Le premier programme demande le prénom de l'utilisateur et l'affiche. Il est écrit sur 5 lignes.

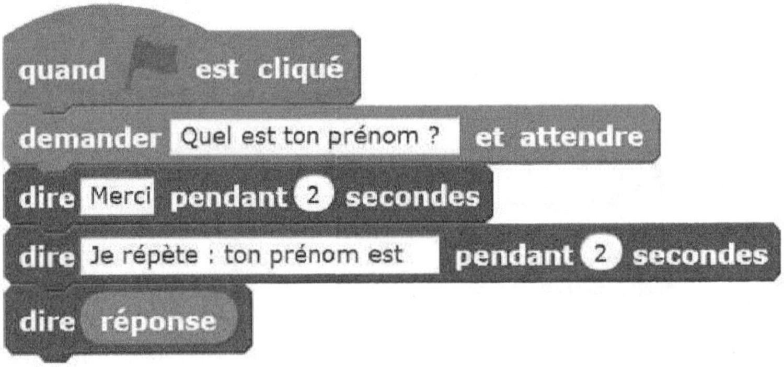

L'instruction ***demander … et attendre*** demande à l'utilisateur de taper son prénom au clavier. Quand c'est fait, l'instruction ***dire … pendant 2 secondes*** fait « parler » le chat dans une bulle, comme dans une BD. Il dit « Merci».

Enfin, le chat répète le prénom qui lui a été fourni grâce à l'instruction de la dernière ligne. Ce prénom a été placé automatiquement dans la variable ***réponse*** qui n'est pourtant utilisée qu'à la fin du programme.

Remarques : quand on va les chercher dans leurs menus respectifs, les instructions ***demander et attendre*** et ***dire pendant 2 secondes*** contiennent le texte« *Hello !* ». Pour écrire autre chose, il faut cliquer dans le rectangle blanc et taper le texte souhaité à la place de « *Hello !* ». De même, on peut écrire un autre nombre que le nombre 2 devant le mot ***secondes***.

2°) Le deuxième programme utilise des instructions qui produisent des bruits et des sons. Elles sont contenues dans le menu ***Sons***.

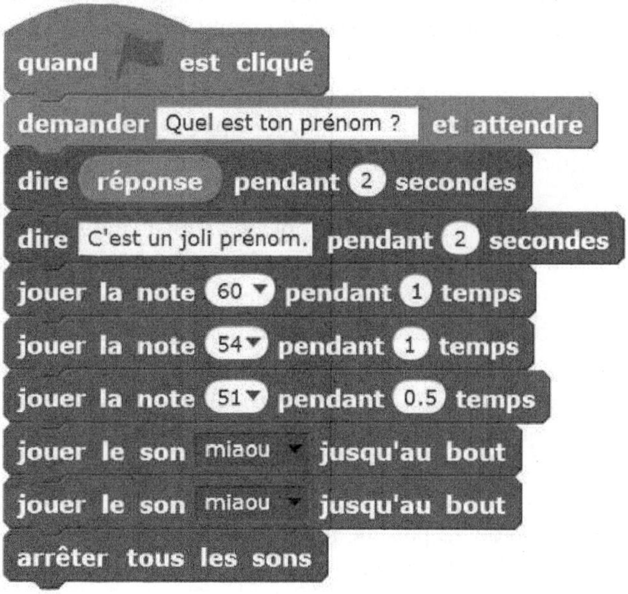

On retrouve les instructions ***demander … et attendre*** et ***dire … pendant 2 secondes***. Cette fois, l'instruction réponse suit immédiatement la demande de donnée. On peut observer que les instructions ***jouer la note … pendant … temps*** présentent des petits triangles noirs. En cliquant sur eux, on obtient des **menus déroulants** qui offrent d'autres valeurs que celles qui ont été choisies.

3°) Dans le troisième et dernier programme, on choisit un nombre entier que le chat va répéter dans une bulle.

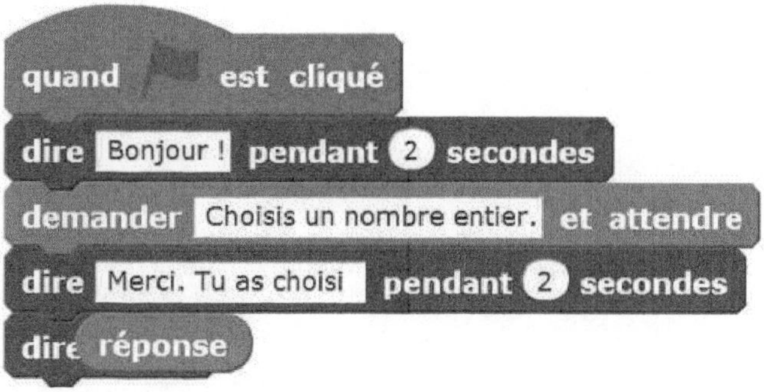

7. Enregistrer, ouvrir et imprimer un programme

1°) Quand un programme est terminé, on peut l'enregistrer dans le dossier de son choix avec la commande ***Enregistrer sous*** du menu ***Fichier***.

2°) Pour ouvrir un programme Scratch, il faut utiliser la commande ***Ouvrir*** du même fichier. On recherche ensuite le dossier qui contient le programme voulu et on clique sur le nom de ce programme une fois qu'on l'a trouvé.

3°) Scratch ne possède pas de commande *Imprime*r mais on peut tourner la difficulté en utilisant une copie d'écran avec la méthode indiquée ci-dessous[1] qui permet d'obtenir des images de qualité acceptable :
- faire une copie d'écran qui contient le programme choisi ;
- lancer le logiciel de retouche graphique ***Photofiltre***[2] puis, avec la commande ***coller en tant qu'image*** du menu ***Edition***, charger la copie d'écran ;
- sélectionner la commande ***taille de l'image*** dans le menu ***Image*** ;
- exprimer la largeur de l'image en cm au lieu de pixels ;
- ramener la largeur de l'image à 8 cm (au lieu de 48,19 cm ou plus) ;
- remplacer la résolution de 72 par une résolution de 400 ;
- sélectionner la partie de l'image voulue et faire agir la commande ***recadrer*** du menu ***Image***.
- sauvegarder la nouvelle image au format *jpeg*.

On peut alors intégrer cette image par copier/coller dans un traitement de textes.

---

[1] C'est celle qui a été utilisée dans cet ouvrage pour réaliser les copies des programmes.

[2] Il en existe une version gratuite.

Leçon 02 : programmes et variables

Un programme écrit avec Scratch comprend toujours quatre parties : lancement du programme, entrée des données nécessaires au fonctionnement du programme, traitement de ces données et enfin affichage des résultats.

1. Ecrivons un premier programme

Ce sera un programme tout simple qui calculera l'aire d'un rectangle.

1°) La première partie comprend une seule instruction qui est une invite à cliquer sur le drapeau vert de la fenêtre de gauche pour lancer le programme.

Faute de cette instruction, le programme ne pourrait pas démarrer !

2°) La seconde partie du programme est formée des instructions qui vont demander à l'utilisateur d'entrer les données nécessaires au fonctionnement du programme. Dans le cas présent, ces données sont au nombre de deux : ce sont la longueur et la largeur du rectangle.

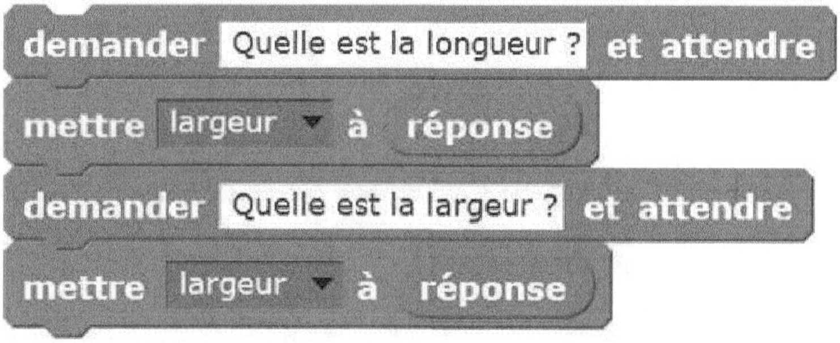

La variable ***réponse***, qui a déjà été présentée, est une variable spéciale qui reçoit les données tapées au clavier. Rappelons qu'elle peut être utilisée plusieurs fois de suite mais la dernière valeur enregistrée supprime la précédente. C'est pourquoi, dans le programme en cours de construction, nous créerons les deux **variables numériques** *longueur* et *largeur* qui recevront les valeurs choisies pour les dimensions du rectangle.

Pour créer la première variable, on ouvre le menu ***Données*** et on clique sur le bouton ***Créer une variable***.

On écrit ensuite le mot *longueur* dans la case ***Nom de la variable***. Dès qu'on a écrit ce nom, on voit apparaître quatre nouvelles instructions dans la fenêtre centrale, sous le bouton *Créer une variable*. Ces instructions sont réservées aux actions à mener sur les variables déjà définies.

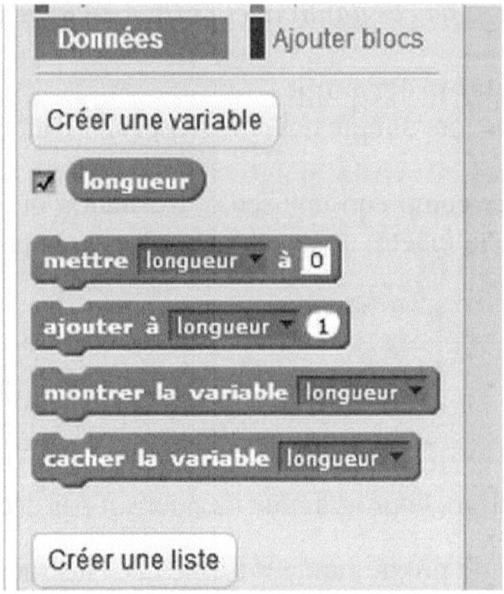

On procède de la même façon pour créer la variable *largeur*.
Remarques :
- au lieu des noms *longueur* et *largeur*, on aurait pu choisir des lettres comme *L* ou ℓ ou encore des expressions qui comprennent plusieurs mots comme *longueur du rectangle* par exemple.
- en cliquant sur le nom d'une variable déjà créée, on fait apparaître un menu qui permet de la renommer ou de la supprimer.

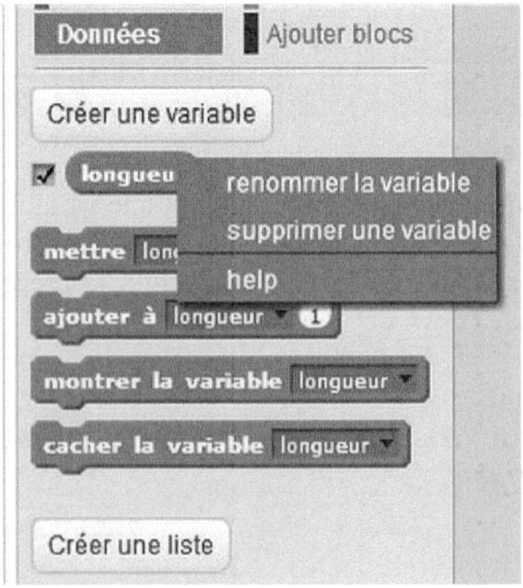

3°) La troisième partie du programme est celle qui permet de traiter les données. Dans le cas présent, il s'agit d'une instruction unique qui va effectuer le calcul de l'aire du rectangle. Dans cette partie du programme, on a besoin de créer une troisième variable qui sera nommée *aire*. L'instruction qui sert au calcul de l'aire est une instruction composée de quatre briques :

La première brique utilise l'instruction ***mettre longueur à 0*** dans laquelle on a remplacé le nom *longueur* par le nom *aire*. Ce nom n'a pas été écrit mais choisi dans la liste des variables existantes. Pour obtenir cette liste, on a cliqué sur la flèche qui signale un menu déroulant.
La seconde brique, de couleur verte, est l'**opérateur numérique** qui permet d'effectuer une multiplication.

Cet opérateur, qui figure dans le menu ***Opérateurs*** est placé par « aimantation » sur le nombre 0 de l'instruction

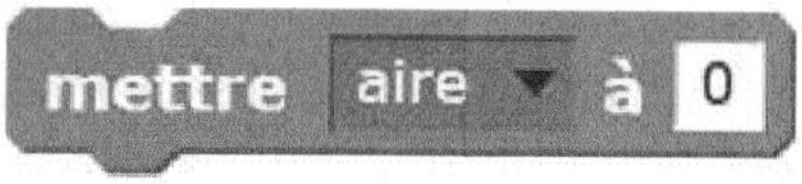

Les noms des variables *longueur* et *largeur* ne doivent pas être écrits mais transportés sur des « pastilles » rondes qu'on va prendre dans le menu ***Données*** de la fenêtre centrale.

4°) La dernière partie du programme affiche le résultat du calcul dans la fenêtre de gauche grâce à l'opérateur ***regroupe*** qui réunit un texte et une variable.

En fait, l'instruction ***dire*** place tout ce qui est affiché dans une bulle, genre bulle de BD.

Remarques :
- Au moment où on construit un programme, on peut désolidariser les briques qui le composent. On peut ainsi dupliquer voire supprimer certaines instructions. Pour cela, on place le pointeur de la souris sur le bloc d'instructions choisi et on clique sur le menu du bouton droit de la souris pour faire apparaître un menu.
- si un **script** est un peu long et déborde de la fenêtre d'écriture, on peut en diminuer la taille grâce au zoom +/- situé en bas de la fenêtre.

2. Comment démarrer le programme ?

Le programme complet comprend 7 lignes. En voici le script complet :

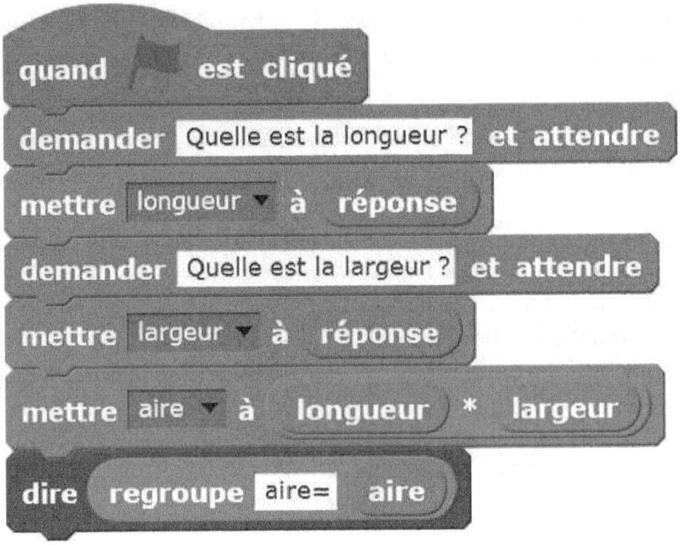

Pour démarrer le programme, il faut cliquer sur le drapeau vert placé en haut à droite de la fenêtre de gauche.

Remarque : pour démarrer un programme, le menu ***Evénements*** contient d'autres instructions que celle qui utilise le drapeau vert. L'une des plus fréquemment utilisée est l'instruction

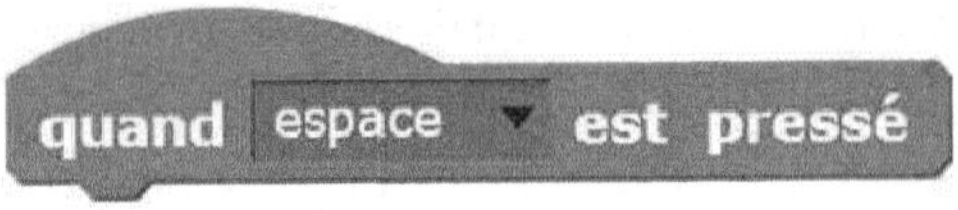

Pour démarrer un programme qui débute de cette façon, il suffit d'appuyer sur la barre d'espace. Voici, à titre d'exemple, un programme qui calcule l'aire d'un carré connaissant son côté.

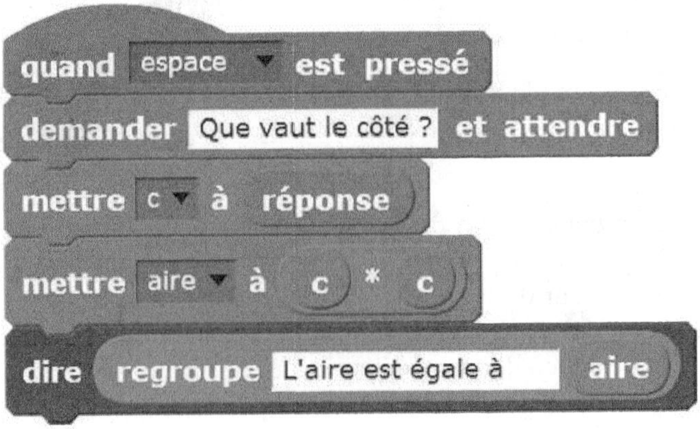

Revenons au calcul de l'aire d'un rectangle. Une fois le programme démarré, il attend les deux données qui lui sont nécessaires, la longueur et la largeur du rectangle.
Pour saisir une donnée, il faut écrire sa valeur et la valider dans la zone réservée à cet usage. La figure qui suit montre la zone des saisies. C'est un rectangle qui est placé dans la fenêtre de gauche.

Après avoir écrit la valeur voulue à gauche, on valide en cliquant sur le bouton bleu à droite ou en appuyant sur la touche **Entrée**.

Attention, les nombres décimaux doivent être écrits avec un **point décimal** et non une virgule !

3. L'affichage des résultats

Dès que l'entrée des données est terminée, le programme redémarre. Quand il est achevé, le chat annonce le résultat du calcul dans une bulle.

On peut observer que les valeurs des variables ainsi que le résultat du calcul sont affichés également dans des cases rectangulaires, à côté du chat.

Attention ! Pour que les valeurs des variables utilisées soient affichées dans la fenêtre de gauche, il faut que les cases placées devant leurs noms dans le menu ***données*** soient cochées.

4. Comment vérifier qu'un programme est valide ?

Une fois le programme terminé, il faut absolument le **tester** pour vérifier qu'il fonctionne correctement. Pour cela, on choisit des données simples de façon à connaître à l'avance le résultat des calculs. En confrontant les résultats fournis par le programme à ceux qui sont prévus, on peut ainsi détecter d'éventuelles erreurs.

Prenons un exemple. Le programme qui suit calcule la longueur de l'hypoténuse d'un triangle rectangle dont les côtés de l'angle droit ont pour longueurs respectives x et y. Si le programme a été conçu correctement et si les instructions qui lui correspondent ont été bien choisies, on doit obtenir z=5 avec x=3 et y=4.

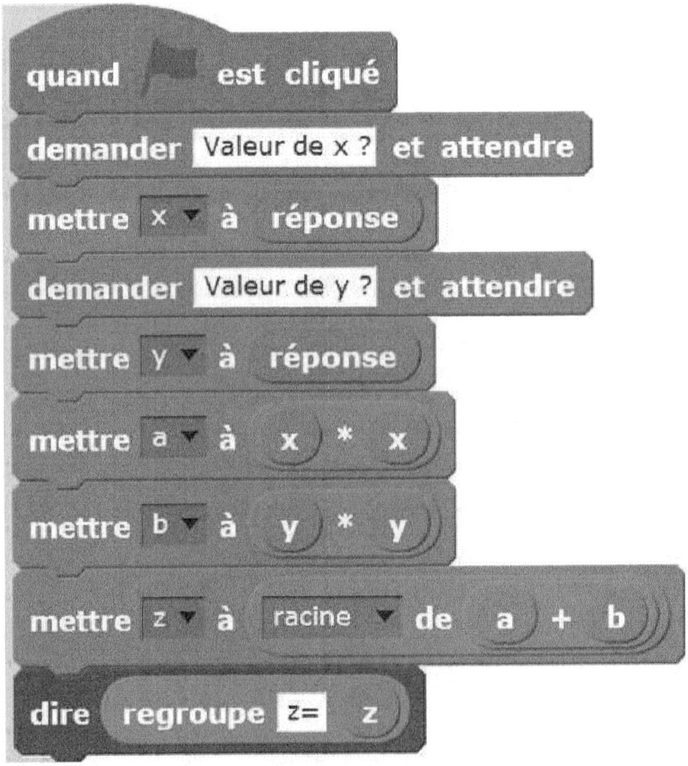

5. Retour sur la notion de variable

En informatique, une variable associe un **nom** à un **contenu**. Le nom correspond à une **adresse** (généralement inconnue de l'utilisateur) qui permet au programme en cours de retrouver dans la mémoire de l'ordinateur l'endroit où le contenu qui lui est lié a été stocké. Ce contenu peut être un nombre entier, un nombre décimal ou un ensemble de caractères alphanumériques absolument quelconques.

Avec Scratch, quand on veut définir ou changer le contenu d'une variable, on utilise l'instruction ***mettre … à …*** Voici trois exemples courants :

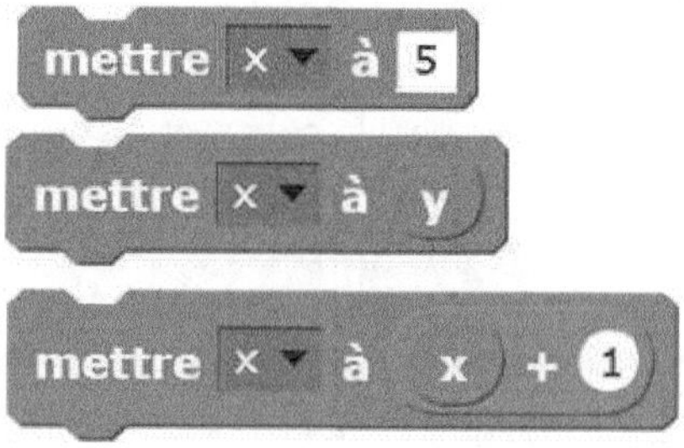

La première instruction donne la valeur 5 à la variable x.
La deuxième instruction donne la valeur de la variable y à la variable x.
La troisième instruction augmente de 1 le contenu de la variable $\boldsymbol{x}$.

6. Exercices

E01. Ecrire un programme qui calcule la somme de 2 nombres x et y. On utilisera les trois variables x, y et *somme*.
On utilisera les deux opérateurs suivants en les prenant dans le menu ***Opérateurs*** :

Le premier permet de faire des additions, le deuxième permet d'afficher à la fois un texte et un nombre.
Peut-on donner à x et à y des valeurs négatives ? Si oui, comment ?

E02. x étant une variable numérique, on calculera x^2. Que peut-on observer si on donne successivement à x les valeurs 10 000 000 000 et 100 000 000 000 ? Pour définir le calcul de x^2, on utilisera l'opérateur

qui permet d'effectuer des multiplications et se trouve dans le menu ***Opérateurs***.

E03. Ecrire un programme semblable à celui du paragraphe 2 pour calculer cette fois le périmètre P et l'aire A d'un carré de côté c.

E04. Le périmètre P et l'aire A d'un disque de rayon R sont donnés respectivement par les formules $P=2\pi R$ et $A=\pi R^2$. Ecrire un programme pour calculer P et A. On donnera au nombre π la valeur approchée 3,1415926 et, pour cela, on définira une variable *pi*.
Pour effectuer les calculs, on utilisera encore l'opérateur qui permet les multiplications

E05. Ecrire un programme qui échange les valeurs de deux nombres *a* et *b*. Par exemple, si on choisit *a*=3 et *b*=5, le programme doit afficher en sortie *a*=5 et *b*=3. On utilisera pour cela une variable auxiliaire *e* et on s'aidera du schéma suivant :

a	b	e
8	5	
	8	5
5	8	

E06. Soient *x*, *y* et *z* trois nombres. Ecrire un programme qui donne à z la valeur de *y*, à *y* la valeur de *x* et enfin à *x* la valeur de *z*. Par exemple, si on entre *x*=2, *y*=5 et *z*=8, le programme devra afficher *x*=8, *y*=2 et *z*=5. On utilisera pour cela une variable auxiliaire *e* et on pourra s'aider du selon le schéma suivant :

x	y	z	e
2	5	8	
	2	5	8
8	2	5	

E07. Recopier le programme du paragraphe 4 et faites-le fonctionner dans chacun des cas suivants :

a) *x*=5 ; *y*= 12 ; b) *x*=6 ; *y*=8 ; c) *x*=10 ; *y*=12 d) *x*=65 ; *y*=72 e) *x*=80 ; *y*=94

Leçon 03 : opérations et fonctions

Comme tout langage informatique, Scratch permet d'effectuer des calculs. Il dispose pour cela d'opérateurs numériques et de fonctions.

1. Les opérateurs

Le menu ***Opérateurs*** de la fenêtre centrale contient des instructions qu'on appelle des *opérateurs*. Les briques qui les portent n'ont pas d'encoches et sont de couleur verte. Dans cette leçon, nous ne nous intéresserons qu'aux 7 opérateurs qui permettent d'effectuer des calculs et à l'opérateur ***regroupe.***

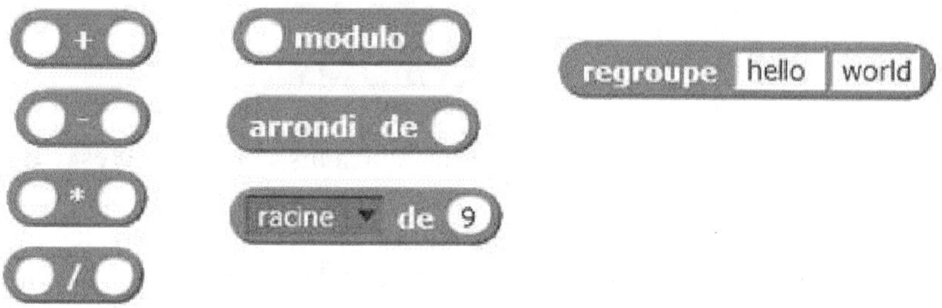

Dans un programme, on ne peut pas utiliser un opérateur de façon isolée. Il doit obligatoirement être intégré à une autre instruction de façon à former une instruction composée.

2. Les opérations avec Scratch

1°) Les opérateurs numériques qui permettent d'effectuer les quatre opérations usuelles sont des opérateurs à deux places. Le petit programme qui suit calcule la somme des nombres 5 et 3. Ces deux nombres ont été écrits directement dans les deux cases rondes de l'opérateur.

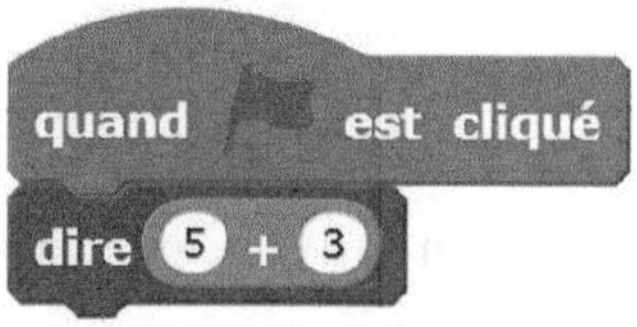

Naturellement, on peut utiliser des variables. Voici, par exemple, un programme qui effectue la division d'un nombre x par un nombre y non nul. Il utilise trois variables, x, y et leur quotient q.

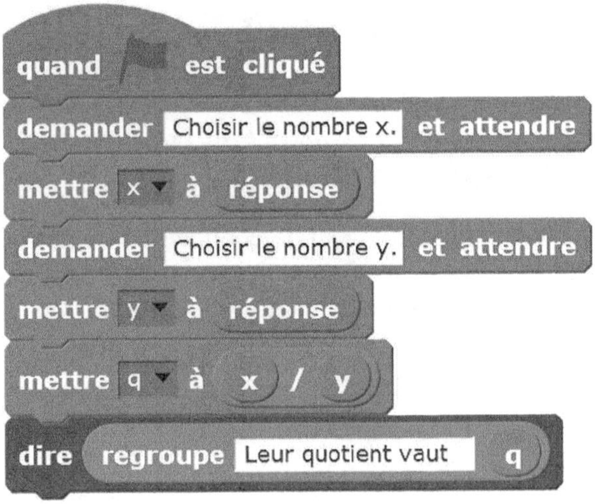

Les nombres x et y sont introduits par l'utilisateur mais le nombre q est calculé par le programme avec l'opérateur *division* qui est placé dans une instruction composée. Celle-ci fait appel aux deux ***briques rondes*** qui portent les noms des variables x et y. Dans l'exemple ci-dessous, on constate que le quotient est calculé avec 15 décimales.

2°) On peut composer un calcul en utilisant plusieurs opérateurs. C'est ce qui se passe dans le programme suivant :

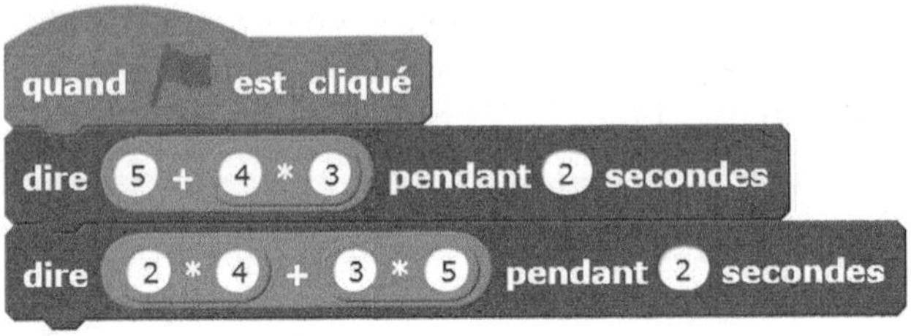

Le premier calcul utilise 2 opérateurs, le deuxième calcul en utilise 3. Les résultats calculés par Scratch sont respectivement 17 et 23.
Naturellement, on peut aussi effectuer des calculs en employant des variables numériques. Dans l'exemple qui suit, on obtient 11 en double-cliquant sur la première instruction.

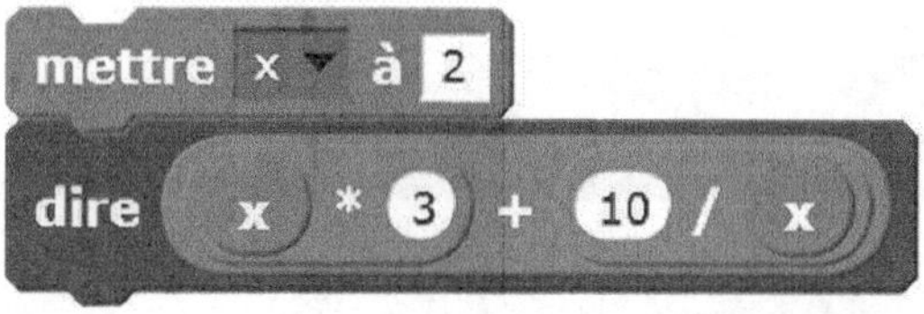

Observons que ce calcul n'est pas inséré dans un programme. Par contre, il exige que la variable *x* ait été créée.

Si les variables qu'il contient existent, on peut tester un calcul en le séparant du reste du programme.

3. Comment éviter les erreurs de calcul ?
Quand un programme contient un calcul un peu complexe, on peut facilement faire des erreurs car les parenthèses n'existent pas dans Scratch. Pour éviter ces erreurs, il est prudent de tester le calcul séparément. Pour cela, on détache provisoirement le bloc d'instructions qui contiennent le calcul du reste du programme, on ajoute provisoirement l'instruction ***dire*** et on fait un double clic sur la première instruction du bloc. En cas de doute, on peut toujours fractionner un long calcul en plusieurs calculs successifs. Comme le montre l'exemple suivant dans lequel on calcule $(a\times 4)+(3\times a)+5$ pour $a=2$.

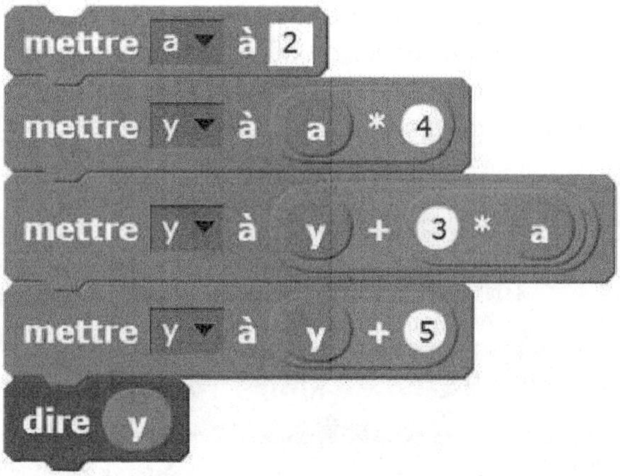

On obtient 19. On peut noter l'usage répété de la variable *y* qui est calculée en trois étapes.

3. L'opérateur *modulo*

Cet opérateur renvoie le reste de la **division euclidienne** d'un entier par un autre (non nul). A titre d'exemple, le programme suivant calcule et affiche le reste de la division euclidienne d'un entier *n* entré au clavier par un autre appelé *p*. Voici ce programme :

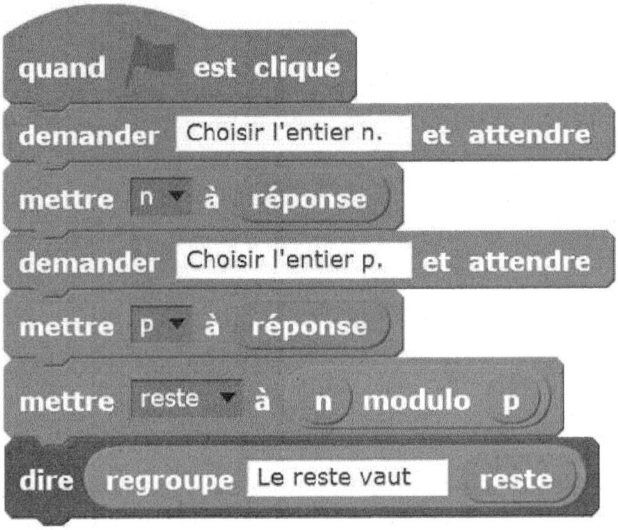

Remarques :
1°) si on entre un nombre décimal au lieu d'un entier, le programme ne fonctionne pas ;
2°) si on tente de diviser par 0, on obtient le résultat *infinity*.

4. Les fonctions numériques de Scratch

Si *x* est un nombre quelconque, entier ou décimal, l'opérateur ***arrondi de*** *x* renvoie le nombre entier le plus proche de *x*. Par exemple, ***arrondi de 6,2***=6 et ***arrondi de 6,8***=7. A titre d'exemple, le petit programme suivant affiche l'arrondi du nombre *x*

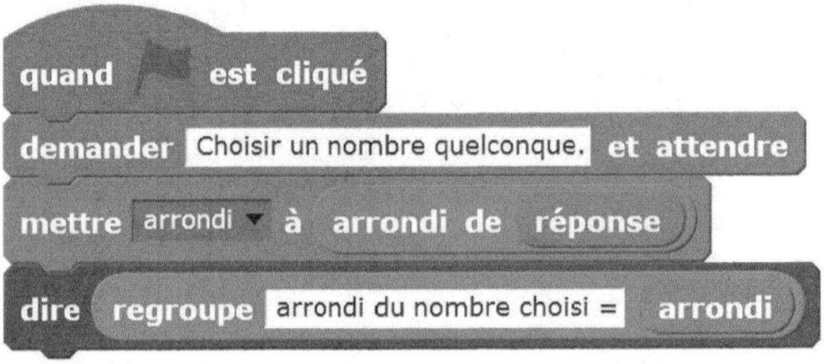

Il y a beaucoup d'autres fonctions numériques qui sont accessibles par un menu de l'opérateur ***racine de ...***. Il suffit de cliquer sur la flèche pour choisir une autre

fonction que la fonction **racine**. La nouvelle fonction prendra la place de la fonction **racine** sur sa brique.
Voici les fonctions disponibles sur ce menu :

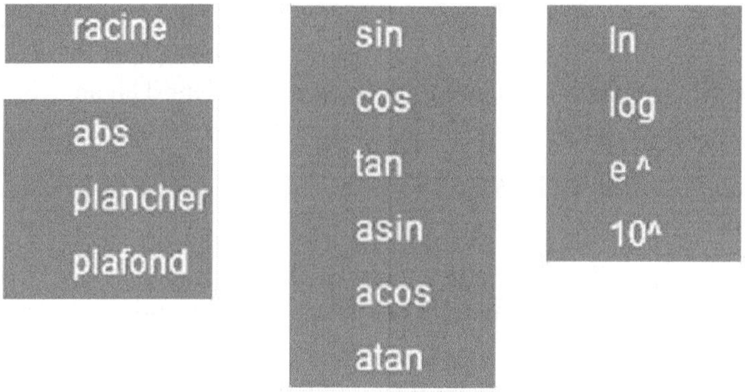

On peut choisir la fonction *valeur absolue*, la fonctions *plancher* et la fonction *plafond* ou encore une fonction *trigonométrique*, une fonction *logarithme*, une fonctions *exponentielle*, Le nombre ***plancher(x)*** est donc l'entier le plus proche de x tout en lui étant inférieur.
Le nombre ***plafond de … x*** est l'entier le plus proche de x tout en lui étant supérieur. Par exemple, plafond(12,56)=13.

Remarque : les fonctions *acos, asin* et *atan* sont les fonctions réciproques des fonctions *cos, sin* et *tan*. Elles utilisent toutes les degrés et les degrés décimaux.

5. Exercices

E01. Ecrire un programme pour diviser un entier par 3. Combien de chiffres après la virgule Scratch affiche-t-il ?

E02. Quels sont les résultats de ces deux calculs ?

E03. Ecrire un programme qui renvoie le plancher et le plafond d'un nombre x entré au clavier.

E04. Ecrire un programme suivant renvoie le sinus, le cosinus et la tangente d'un angle exprimé en degrés.

E05. On entre deux nombres x et y puis on calcule $a = \frac{x+y+ABS(x-y)}{2}$ et $b = \frac{x+y-ABS(x-y)}{2}$. Que peut-on observer ?

E06. a et b désignent les longueurs des deux côtés de l'angle droit d'un triangle rectangle. Ecrire un programme qui calculera la longueur de l'hypoténuse, a et b étant connues.

E07. Chacun des angles d'un polygone régulier convexe de n côtés a pour mesure $180° \times \frac{n-2}{n}$. Ecrire un programme qui calculera la valeur d'un angle.

E08. Soit f la fonction affine qui associe le nombre $5x$-3 au nombre x. Ecrire un programme qui calculera l'image par f d'un nombre x entré au clavier.

E09. Le prix marqué d'un article est 56 euros. L'acheteur peut bénéficier de deux réductions successives. Une première réduction est consentie au taux de 4 %. La seconde réduction a pour taux 3 % et s'applique au prix obtenu après déduction de la première réduction. Ecrivez un programme qui calculera le prix final, la réduction totale et le taux d'ensemble des réductions.

E10. Ecrivez un programme qui convertira une température T_F exprimée en degrés Farhenheit en une température T_C exprimée en degrés Celsius. Le programme fera également la conversion inverse. On donne la formule T_F=$T_C \times$1,8+32.
Que peut-on observer quand on veut convertir -40°C en degrés Farhenheit ?

Leçon 04 : les instructions conditionnelles

Toujours construites avec le mot « si », les instructions conditionnelles font dépendre l'exécution de certaines instructions d'un programme de la réalisation d'autres instructions.

1. Est-ce vrai ou est-ce faux ?

Scratch offre tout un jeu d'instructions qui permettent d'effectuer des choix selon que telle ou telle condition est vérifiée ou non. Il y a d'abord les deux instructions conditionnelles qui se trouvent dans le menu ***Contrôle*** mais il y a aussi les trois **opérateurs logiques** ET, OU et NON et les trois **opérateurs de comparaison** >, < et =.

Ces opérateurs, qui se trouvent tous dans le menu **Opérateurs**, permettent de constituer des ***tests*** qui renvoient selon les cas la valeur VRAI ou bien la valeur FAUX.

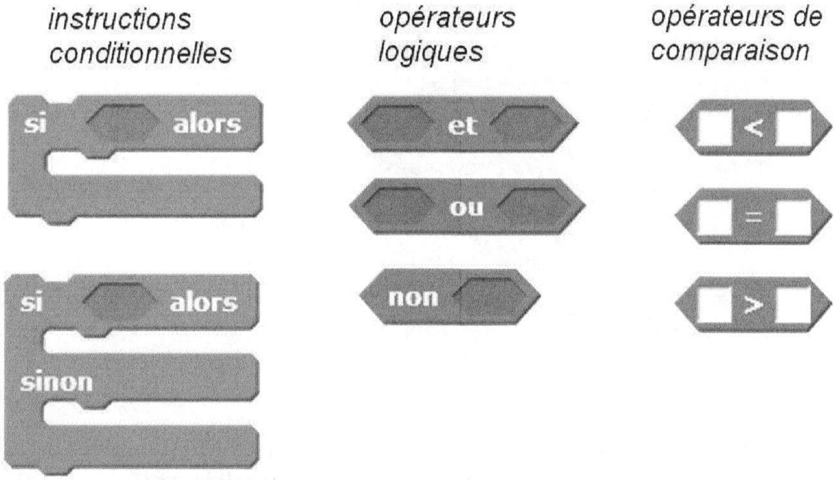

<u>Remarque</u> : les opératuers logiques et les opérateurs de comparaison ne sont jamais employés seuls mais toujours avec une instruction conditionnelle employant *s*i.

2. L'instruction *si ... alors ...*

Cette instruction fonctionne de la façon suivante : le programme exécute l'**action** indiquée dans le creux de la brique si et seulement si la **condition** écrite derrière ***si*** est vraie. Pour illustrer le fonctionnement de cette instruction, écrivons un programme qui pourra comparer deux nombres *x* et *y*.

Il y a trois cas à considérer : ou bien *x*<*y* ou bien *x*>*y* ou bien *x*=*y*.

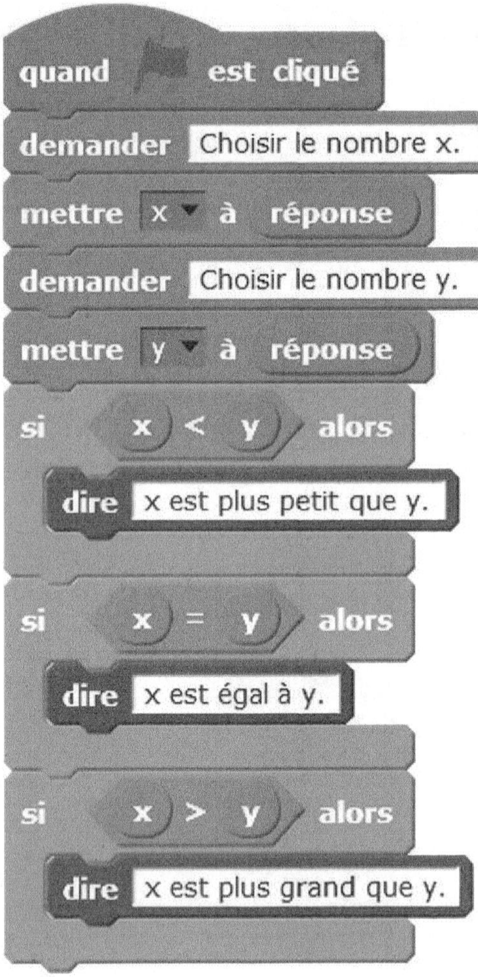

Remarque : dans ce programme, une seule action est effectuée quand les conditions indiquées sont réalisées mais rien n'interdit qu'il y en ait plusieurs.

3. L'instruction *si … alors… sinon …*

Cette instruction fonctionne de la façon suivante : si la condition indiquée derrière ***si*** est vraie alors le programme exécute une certaine action, ***sinon*** il en exécute une autre, indiquée en dessous de ***sinon***.

Pour illustrer le fonctionnement de cette instruction, écrivons un programme qui permettra de dire si une donnée numérique introduite dans le programme est un nombre entier ou non.

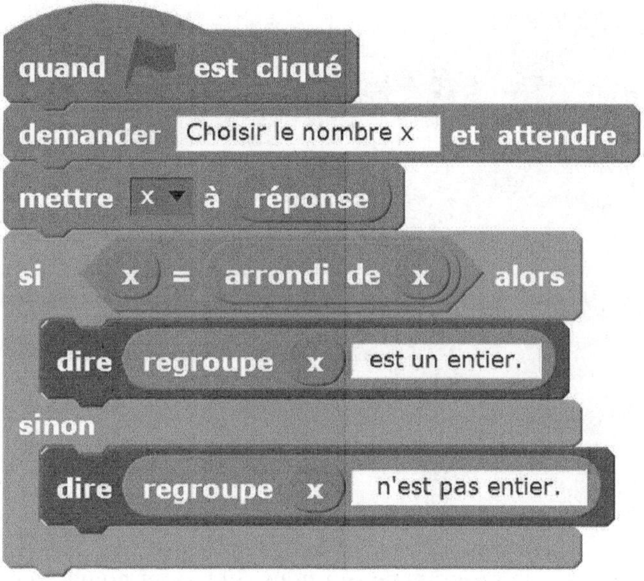

Pour réaliser ce programme, on a utilisé le fait qu'un nombre *x* est entier si et seulement si l'égalité *x*=arrondi de *x* est vraie.

4. Comment employer les opérateurs logiques *ET, OU, NON* ?

Considérons deux conditions que nous désignerons respectivement par *condition 1* et par *condition 2.*

L'instruction composée *condition 1* ***OU*** *condition 2* renvoie la valeur VRAI si l'une au moins des deux conditions est vraie. Elle renvoie la valeur FAUX si et seulement si les deux conditions sont fausses en même temps.

Insistons sur le fait que l'instruction composée *condition 1* ***OU*** *condition 2* est vraie quand les deux conditions sont vraies en même temps. Le OU de la logique n'a pas le sens du OU du langage courant. Pour marquer l'alternative en logique, on utilise la locution OU BIEN OU BIEN ou encore la locution SOIT … SOIT …

L'instruction composée *condition 1* ***ET*** *condition 2* renvoie la valeur VRAI si les deux conditions sont vraies à la fois.

Avec une seule condition appelée *condition*, l'instruction *NON Condition* renvoie la valeur VRAI si la condition indiquée est fausse et la valeur FAUX dans le cas contraire.

<u>Exemple 1</u> : Ecrivons un programme qui nous dira si le nombre *x* entré au clavier appartient ou non à l'intervalle]-4 ; 4[.

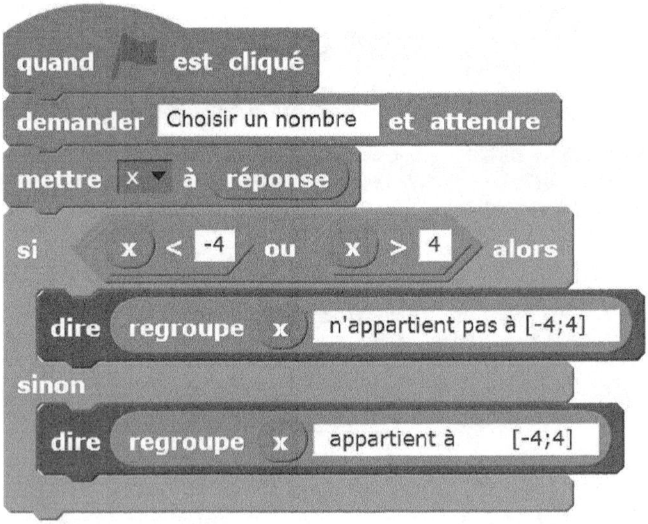

Exemple 2 : Ecrivons un programme qui nous dira si un nombre entier *x* entré au clavier est divisible par 2 ET divisible par 4.

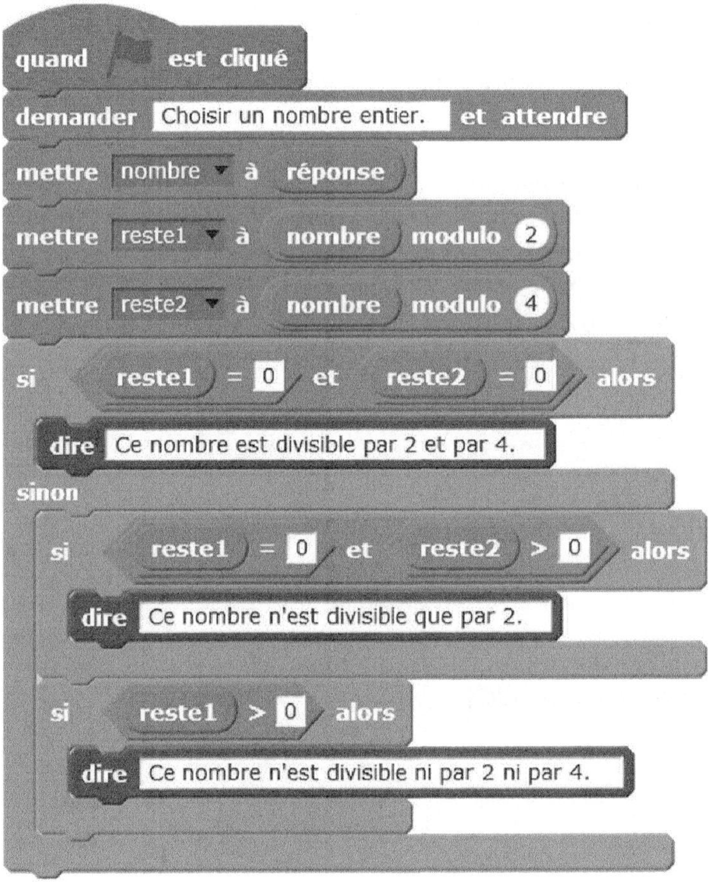

Un nombre entier peut être divisible par 2 mais aussi par 4. C'est le cas par exemple des nombres 32, 60 ou 80. Par contre, des nombres comme 22 ou 30 sont divisibles par 2 sans l'être par 4 et des nombres comme 25 ou 39 ne sont divisibles ni par 2 ni par 4.

5. Comment utiliser un drapeau ?

Ecrivons un programme qui dira si un entier *x* entré au clavier est divisible à la fois par 3, par 4 et par 6.

Ce programme utilise un **drapeau** *dr* c'est-à-dire une variable dont la valeur dépend de la réalisation d'une ou de plusieurs conditions. Au début du programme, *dr* vaut 0. Selon que le nombre x est divisible par 3, par 4 ou par 6, on ajoute 1, 2 ou 3 au drapeau. Si les trois conditions sont vérifiées, le drapeau vaudra donc 6. S'il vaut moins de 6, en fin de programme, c'est que l'une des conditions n'a pas été réalisée.

6. Exercices

E01. Ecrire un programme qui dit lequel des trois nombres a, b et c est le plus grand.

E02. Ecrire un programme qui dit lequel des trois nombres a, b et c est le plus petit.

E03. Ecrire un programme qui dit lequel des trois nombres a, b et c est le plus grand et lequel est le plus petit.

E04. L'indice de masse corporelle ou IMC d'un homme se calcule en faisant le quotient de son poids P exprime en kilogrammes par le carré de sa taille T exprimée en mètres. Calculer cet IMC et signaler que tout va bien pour un IMC inférieur à 25.

E05. Un polygone régulier convexe de n côtés possède n angles égaux. En degrés, la mesure α de chaque angle est donnée par la formule $\alpha = 180° \times \frac{n-2}{n}$. Exprimez n en fonction de α puis écrivez un programme qui dira si un angle α exprimé en degrés peut être ou non celui d'un polygone régulier convexe. Dans l'affirmative, le programme affichera le nombre des côtés du polygone.

E06. Soit f la fonction affine qui renvoie le nombre $y = 2x - 1$ pour $x > \frac{1}{2}$ mais renvoie le nombre $y = 1 - 2x$ pour $x \leq \frac{1}{2}$. Ecrire un programme qui calcule f(x) pour une valeur quelconque de x.

E07. Ecrire un programme qui dira si trois nombres x, y et z choisis par l'utilisateur peuvent ou ne peuvent pas représenter les longueurs des trois côtés d'un triangle rectangle.

Leçon 05 : les boucles

Scratch possède trois instructions qui permettent de répéter une ou plusieurs actions un certain nombre de fois. En informatique, la partie du programme qui répète une ou plusieurs actions s'appelle une boucle.

1. Trois instructions pour les boucles

Les instructions qui servent à définir les boucles sont placées avec les instructions conditionnelles dans le menu ***Contrôle***. Il y en a trois.

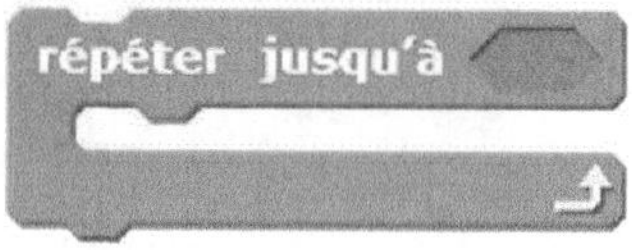

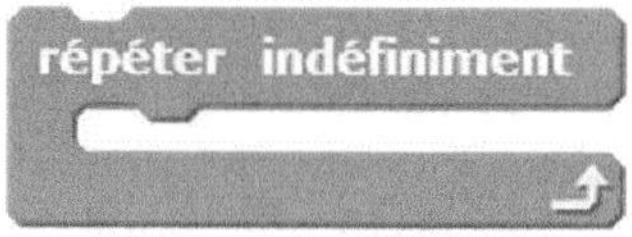

Les instructions ***répéter 10 fois*** et ***répéter jusqu'à*** sont les plus souvent utilisées. La troisième, d'un emploi délicat, est plus rarement employée. Nous donnerons quelques exemples de leurs emplois.

2. L'instruction répéter *n* fois

Faisons compter le chat : 1, 2, 3, 4, etc. jusqu'à 10, à raison d'un entier par seconde. On peut répéter 10 fois l'instruction ***dire*** en écrivant à chaque fois le nombre qui doit être affiché.

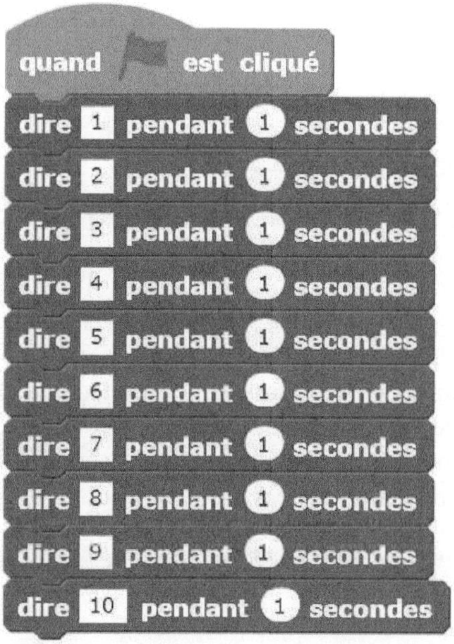

Même en utilisant la duplication des instructions, l'écriture du programme est fastidieuse. On peut aller beaucoup plus vite en employant l'instruction ***répéter 10 fois***. Voici le programme réécrit :

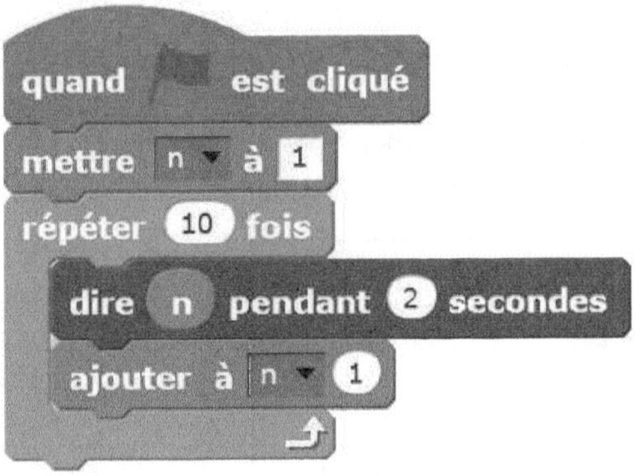

L'instruction ***répéter 10 fois*** définit une **boucle** du programme qui exécute 10 fois de suite les deux actions indiquées à l'intérieur de la boucle. A chaque passage dans la boucle, la variable n est affichée puis augmentée de 1. Comme elle vaut 1 au début de la boucle, on voit les affichages successifs des nombres 1, 2, 3, etc. jusqu'à 10.
Observons qu'il y a identité entre les valeurs prises par la variable n et le numéro du passage en boucle. On a par exemple $n=1$ au 1er passage dans la boucle, $n=5$ au 5e passage, $n=10$ au 10e et dernier passage.
On peut schématiser le déroulement du programme par l'organigramme suivant :

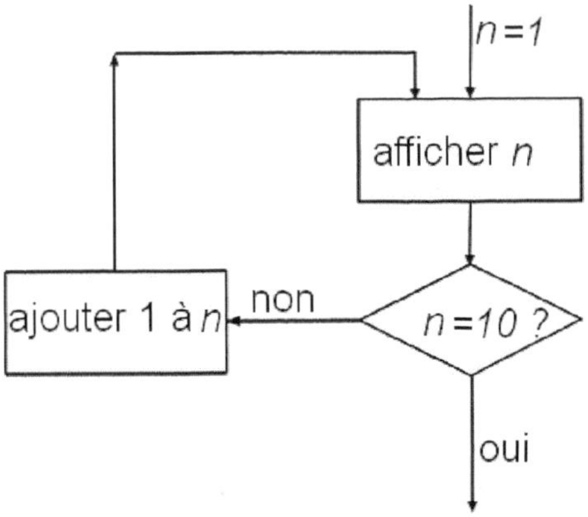

2. Comment utiliser un compteur dans une boucle *répéter n fois* ?
En général on utilise une variable particulière pour compter le nombre des passages dans une boucle. Tout naturellement, cette variable est nommée *compteur*. Utilisons par exemple un tel compteur de boucle dans un programme qui fera la somme des entiers consécutifs allant de 1 à n.

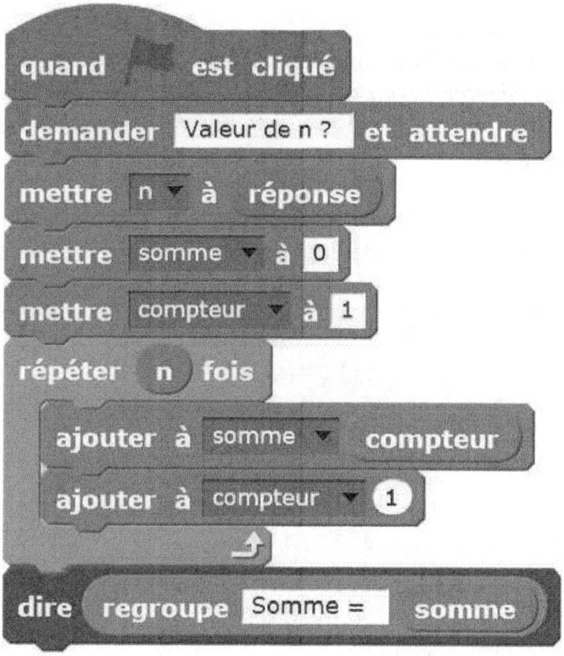

Dans ce programme, la variable *somme* totalise les nombres entiers au sein d'une boucle tandis que la variable *compteur* sert à déterminer le nombre des passages dans la boucle. Avant le premier passage dans la boucle, la variable *compteur* vaut 1 tandis que la variable *somme* vaut 0.
Pour *n*=100, le tableau suivant montre les toutes premières valeurs prises par les 2 variables :

Numéro du passage dans la boucle	Valeur de *compteur*	Valeur de *somme*
1	1	1
2	2	3
3	3	6
4	4	10

Le deuxième tableau montre les dernières valeurs prises par les 2 variables :

Numéro du passage dans la boucle	Valeur de *compteur*	Valeur de *somme*
98	98	4851
99	99	4950
100	100	5050

A la fin de la 100e boucle, on peut observer dans la fenêtre de gauche que la variable *compteur* vaut 101 mais cette valeur n'est pas prise en compte dans le calcul de la somme. On s'est bien arrêté à 100 !

3. L'instruction *répéter jusqu'à …*

Quand on ne sait pas à l'avance combien de fois on doit répéter une action, il faut utiliser l'instruction ***répéter jusqu'à …*** Avec cette instruction, la sortie de boucle dépend d'une **condition particulière** placée derrière ***répéter jusqu'à***. C'est généralement une inégalité.

Exemple 1 : calculons la somme des entiers consécutifs depuis le nombre 35 jusqu'au nombre 78 inclus. Nous déclencherons la sortie de boucle pour $n>78$.

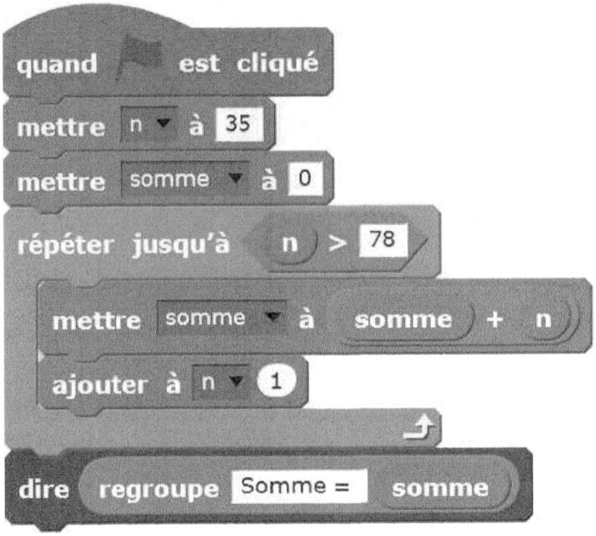

Le résultat est 2486.

Exemple 2 : calculons la somme des entiers pairs de 2 compris à 100 compris.

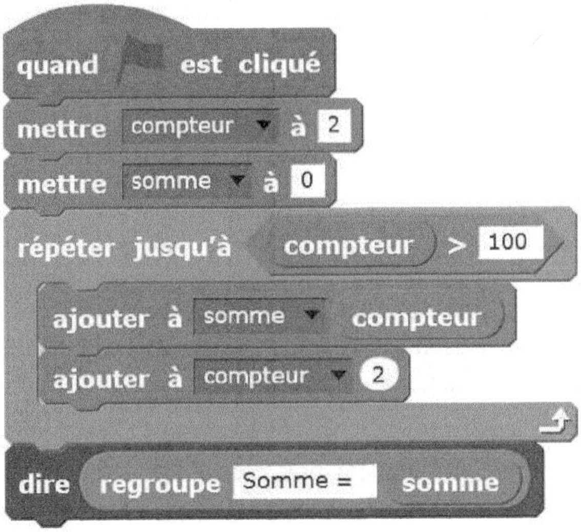

On peut observer que, dans ce programme, la valeur initilale du compteur de boucle n'est pas 1. De même, le compteur n'est pas augmenté de 1 à chaque passage dans la boucle mais de 2.

4. L'instruction *répéter indéfiniment*

Un programme qui contient une instruction ***répéter indéfiniment*** tourne sans jamais s'arrêter. Pour y mettre fin, il faut prévoir une condition d'arrêt du programme ou alors appuyer sur le bouton **stop**.

Exemple : Entrons une série de notes comprises entre 0 et 20 au clavier sans en connaître le nombre à l'avance. On arrêtera l'entrée des notes en tapant -1 au clavier.

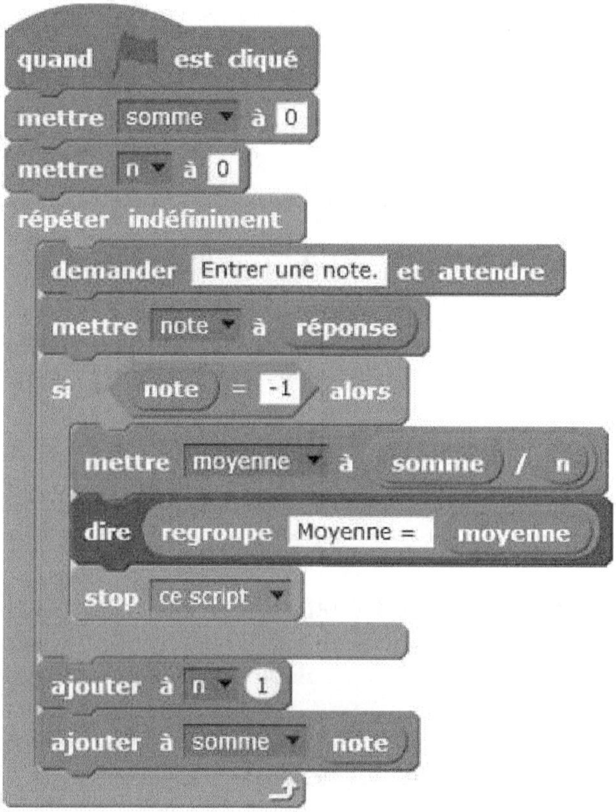

5. Exercices

E01 : Calculer la somme des nombres entiers impairs compris dans l'intervalle [1;51].

E02 : Calculer la somme des multiples de 5 compris dans l'intervalle [0;100].

E03. Déterminer la somme des entiers de 1 à n.

E04. Déterminer la somme des carrés des entiers de 1 à n.

E05. Déterminer la somme des cubes des entiers de 1 à n.

E06. Calculer la somme des inverses des entiers naturels consécutifs de 1 à n inclus.

E07. Calculer 10^{21} et 10^{22}. Que peut-on observer ?

E08. Ecrire un programme pour calculer le nombre x^n avec $x>0$.

E09. Soit n un entier naturel. On appelle **factorielle *n*** et on note $n!$ le nombre égal au produit $n\times(n-1)\times(n-2)\times...\times3\times2\times1$. On pose 0!=1!=1 et on a 2!=2×1=2, 3!=3×2×1=6, 4!=4×3×2×1=24, etc. Ecrire un programme qui calculera le nombre $n!$ A partir de quelle est la valeur de n, le nombre $n!$ n'est-il plus calculé de manière exacte ?

E10. Les deux premiers **nombres de Fibonacci** sont égaux à 1. Les suivants sont respectivement égaux à 1+1=2, 1+2=3, 2+3, 3+5=8, 5+8=13, etc. Quel est le 40ème ?

E11. On place une somme S égale à 1200 euros pendant n mois au taux mensuel de 0,15 %. À la fin de chaque mois, les intérêts obtenus sont incorporés au capital placé. Ecrivez un programme qui calculera la valeur de ce capital à la fin du placement.

E12. La population d'une ville augmente de 0,8% chaque année. Elle s'élève aujourd'hui à 100 000 habitants. Dans combien d'année aura-t-elle doublé ?

Leçon 06 : dessiner avec Scratch

Les deux menus* Mouvement *et* Stylo *de Scratch contiennent des instructions qui permettent de commander les déplacements de la pointe d'un stylo qu'on utilise pour dessiner.

1. Le principe du dessin

En matière de dessin, Scratch fonctionne exactement comme l'ancien langage Logo des années 1970. Avec ce langage informatique, on pouvait déplacer une tortue virtuelle sur l'écran d'un ordinateur en lui donnant des ordres simples. Quand elle est immobile, la tortue occupe une position (*x*,*y*) relativement au repère de l'écran et regarde dans une certaine direction. On peut la faire avancer de *n* pas dans cette direction. On peut aussi changer la direction de son mouvement grâce aux instructions ***tourner à droite de x degrés*** ou ***tourner à gauche de y degré***s. Pour dessiner, on relie chaque position à la position suivante par un segment de droite.

2. La fenêtre de dessin

On dessine dans la fenêtre de gauche, celle qui contient le chat. C'est un rectangle de 480 unités de large et de 360 unités de hauteur. Elle est munie d'un repère orthonormal (*x*O*y*) dont l'origine O est située au centre du rectangle. Chaque point P(*x*, *y*) de la fenêtre est repéré par ses coordonnées *x* et *y*.

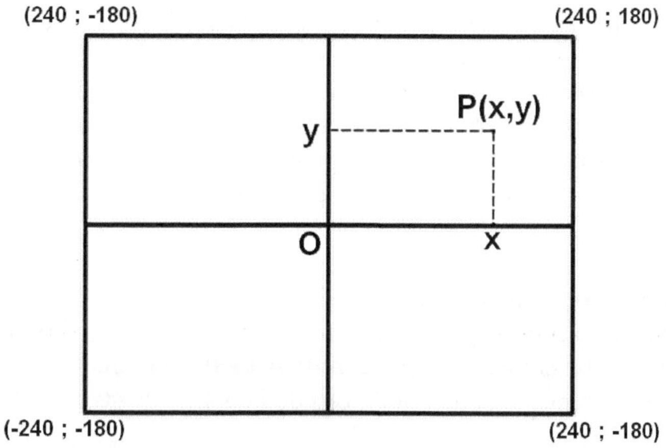

Pour utiliser les instructions de dessin, il faut qu'un lutin soit présent dans la fenêtre de gauche sinon elles ne sont pas disponibles. Comme le chat n'est pas un lutin très commode, il est préférable de le supprimer et de le remplacer par un autre lutin, un **crayon** par exemple . On le trouve dans la bibliothèque des lutins mais il faut en réduire la taille en utilisant l'icône **réduire** qui se trouve dans la barre des menus.

3. Comment dessiner un carré ?

Comme premier exemple de dessin, choisissons celui d'un carré.

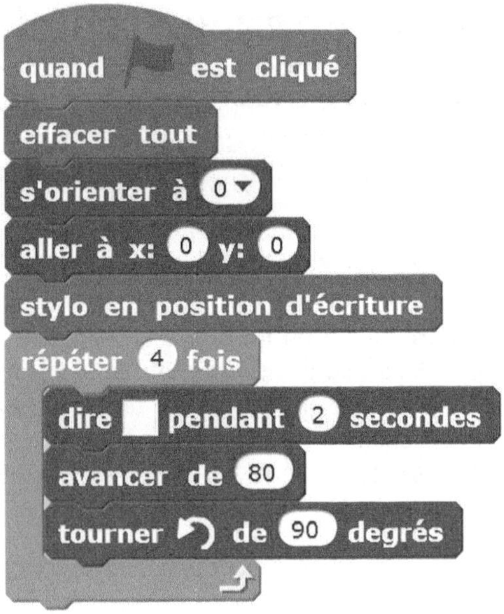

Dans le programme proposé :
- l'instruction ***s'orienter à 0*** fait pointer le curseur verticalement vers le haut ;
- l'instruction ***aller à x: 0 y: 0*** place le curseur de dessin au point (0,0) ;
- l'instruction ***stylo en position d'écriture*** autorise le dessin ;
- les instructions ***avancer de 80*** et ***tourner à gauche de 90 degrés*** définissent les mouvements de la pointe du stylo.

L'instruction ***dire pendant 2 secondes*** qui est placée au début de la boucle est une instruction de *temporisation* qui ralentit volontairement l'exécution du programme afin de permettre à l'utilisateur de voir apparaître un à un les différents segments dessinés. Sans cette temporisation, le dessin des quatre côtés du carré serait effectué bien trop vite.

4. Les instructions pour le dessin

Les instructions spécifiques qui permettent de réaliser des dessins sont contenues dans deux menus différents. Le menu ***mouvement*** contient les instructions qui président aux déplacements et aux positions de la pointe du stylo.

le curseur se déplace de 10 unités dans sa direction

le curseur pivote de 15° sur sa droite mais n'avance pas

le curseur pivote de 15° sur sa gauche mais n'avance pas

0=vers le haut, 90=vers la droite,
180=vers le bas, -90=vers la gauche

place le curseur au point de coordonnées x=0 et y=0

D'autres instructions existent mais sont moins souvent utilisées.

2°) Le menu ***Stylo*** contient les instructions qui permettent de régler les différents paramètres. Voici les trois instructions principales :

efface la totalité du dessin

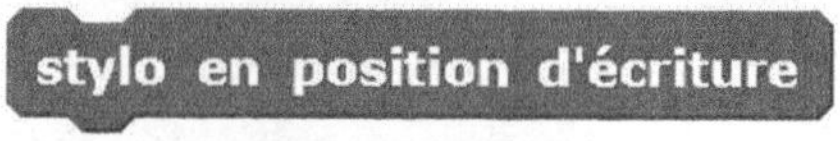

démarre le dessin

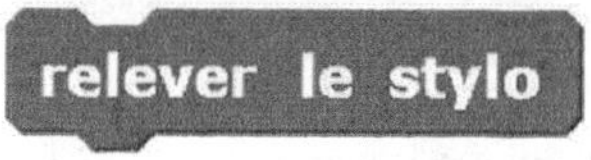

le curseur cesse de dessiner

Il y en a encore 8 autres mais de moindre importance.

Remarque : les coordonnées du pointeur de la souris sont affichées en bas de la fenêtre de gauche. On peut ainsi obtenir les coordonnées d'un point quelconque de la fenêtre en y plaçant le pointeur.

5. Comment dessiner un polygone régulier convexe ?

Pour obtenir un polygone régulier convexe de n côtés, on peut généraliser le programme qui permet de dessiner un carré en faisant pivoter n fois le curseur, à chaque fois d'un angle égal à $\frac{360°}{n}$ et toujours de la même manière, vers la gauche ou vers la droite, au choix.

Exemple : un pentagone régulier a 5 côtés égaux et 5 angles égaux à $\frac{360°}{5} = 72°$.

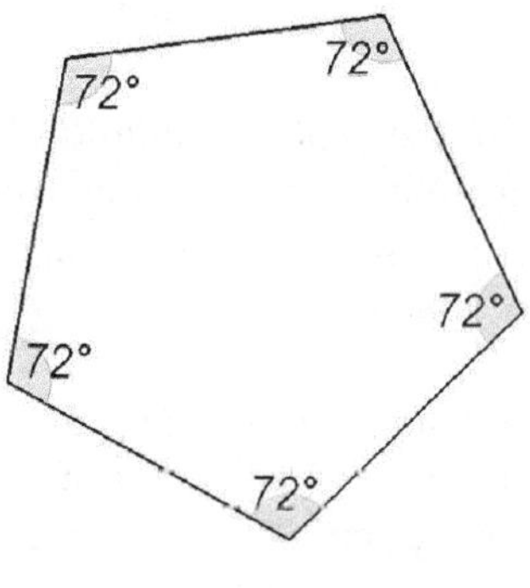

Dans le programme qui suit, l'entier n désignera le nombre des côtés du polygone.

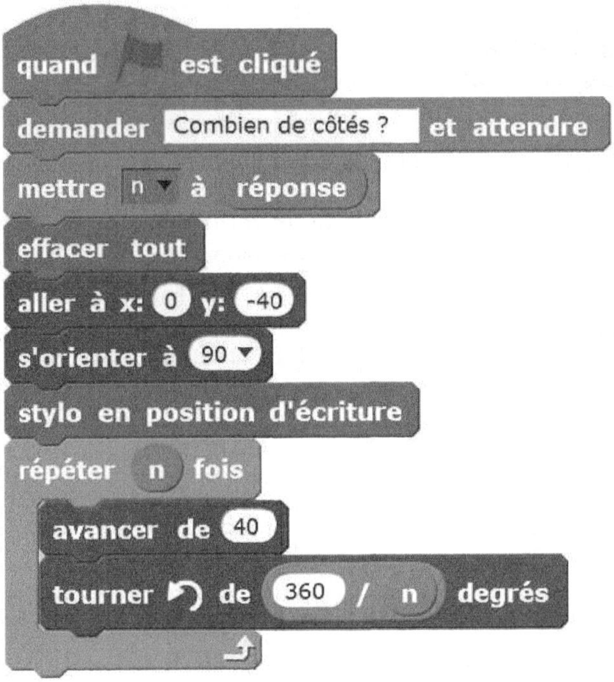

Pour n=12 par exemple, on obtient un dodécagone régulier convexe qui a 12 côtés et 12 angles égaux.

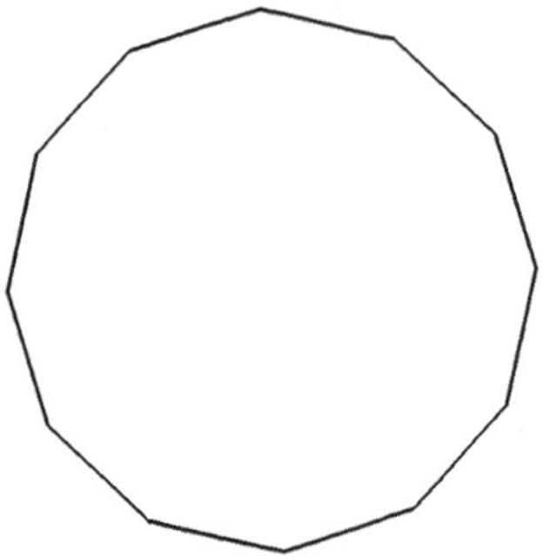

En raison des imprécisions qui peuvent s'accumuler dans les tracés, il faut adapter la longueur des déplacements du curseur aux dimensions de l'écran. Faute de cela, on risque de voir des dessins qui sont déformés sur les bords de l'écran ou encore des lignes qui ne se referment plus !

6. Comment dessiner un polygone régulier étoilé ?

On peut obtenir certains polygones réguliers étoilés en joignant les sommets d'un polygone régulier convexe de 2 en 2, de 3 en 3, de 4 en 4, etc., ou, plus généralement, de k en k avec k entier inférieur à n.

Le programme qui suit permet de dessiner des polygones étoilés de *n* côtés, *n* étant supérieur à 3. Après chaque déplacement, la pointe du stylo pivote d'un angle égal à $k \times \frac{360°}{n}$ soit vers la droite soit vers la gauche mais toujours dans la même direction.

Avec *n*=7 et *k*=2, on obtient un premier heptagone étoilé :

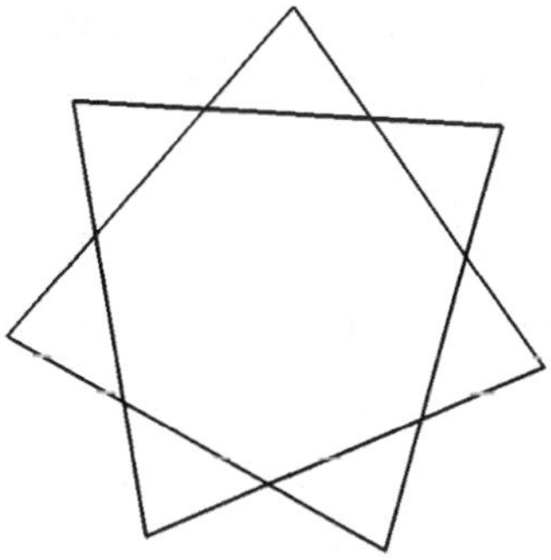

Avec n=7 et k=3, on obtient un autre heptagone étoilé, différent du premier.

Avec n=9 et k=5, on obtient cette fois un ennéagone étoilé.

Remarque : si k est un diviseur de n, on n'obtient pas un polygone égulier étoilé mais un polygone régulier convexe voire même un unique segment de droite. C'est le cas par exemple avec n=6 et k=2.

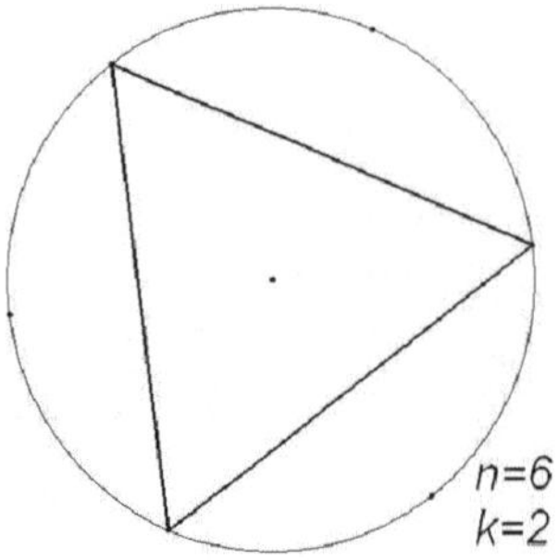

.

8. Comment dessiner des spirales ?

Le principe du dessin est le suivant : chaque nouveau déplacement est un peu plus long que celui qui le précède. Le programme qui suit permet de dessiner des spirales dont la forme varie avec le choix de l'entier n. Cet entier définit en effet l'angle dont le curseur tourne à chaque fois. Pour n=4, la spirale est carrée mais pour n=6, elle est hexagonale. Dans le programme, l'allongement de chaque nouveau déplacement par rapport au précédent est représenté par la variable k.

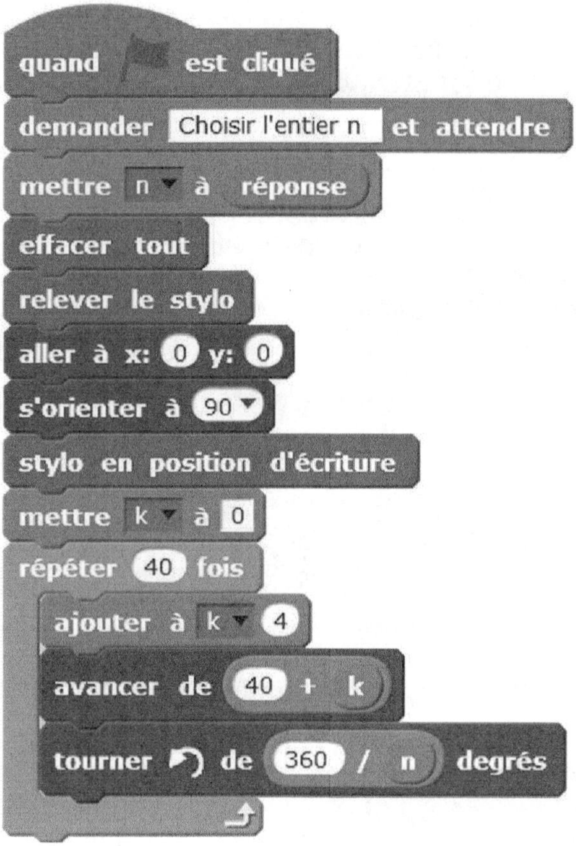

Pour optimiser le dessin, on peut modifier le nombre des répétitions, l'allongement de chaque déplacement et la longueur initiale des déplacements. Voici par exemple une spirale carrée pour laquelle on a pris n=4 :

9. Comment dessiner des cercles et des arcs de cercle ?

La longueur d'un cercle de rayon R est égale à $2\pi R$. On peut obtenir un dessin approché d'un cercle en le remplaçant par un polygone régulier de 360 côtés, tous de longueur $\frac{2\pi R}{360}$.

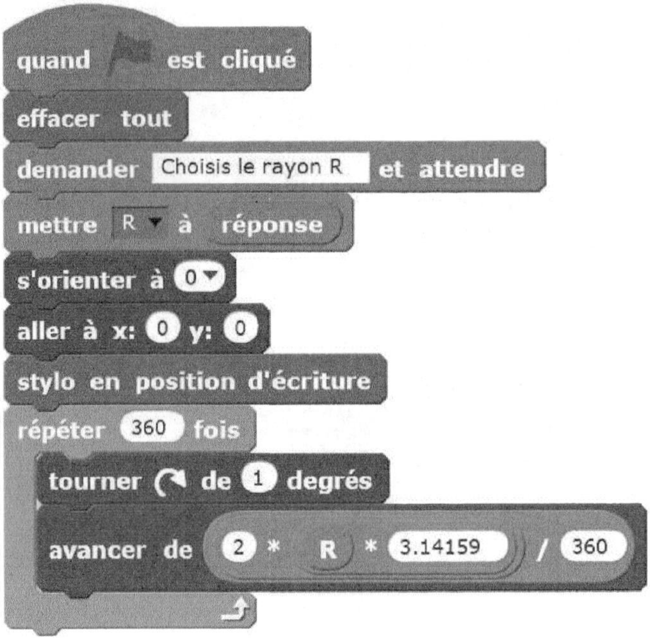

Une légère modification du programme permet de dessiner un arc de cercle de α degrés :

10. Exercices

E01. Dessiner un polygone dont les côtés sont égaux en tournant une fois à gauche d'un certain angle et en tournant la fois suivante à gauche encore mais d'un angle double. A titre d'exemple, voici le polygone obtenu avec un angle égal à 45°.

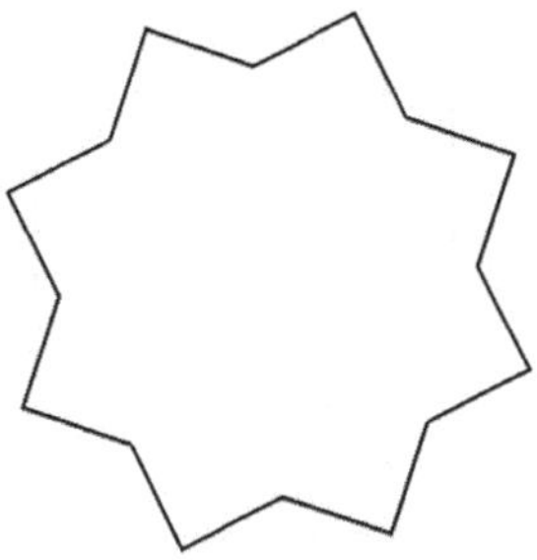

On reconnaît les contours de 2 carrés imbriqués l'un dans l'autre.

E02. Dessiner un polygone dont les côtés sont égaux en tournant une fois à gauche d'un certain angle et en tournant à droite la fois suivante d'un angle double. A titre d'exemple, on dessinera les polygones obtenus avec des angles valant respectivement 45° et 60°.

E03. Dessinez cette figure caractéristique de la philosophie chinoise. Elle comprend un cercle de rayon $2R$ et deux demi-cercles de rayon R.

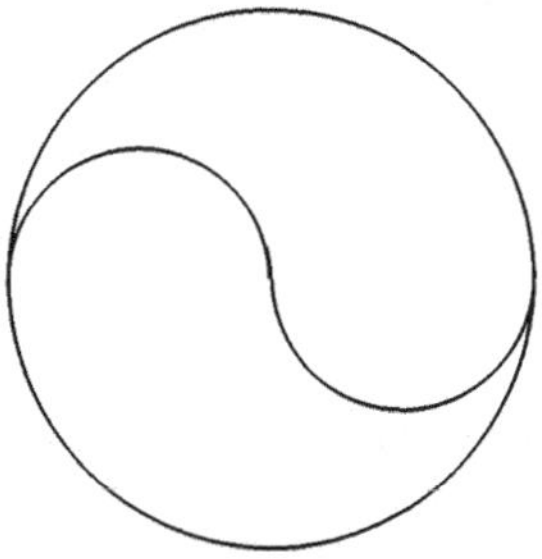

E04. Dessiner cette figure formée de 4 quarts de cercles inscrits dans un carré.

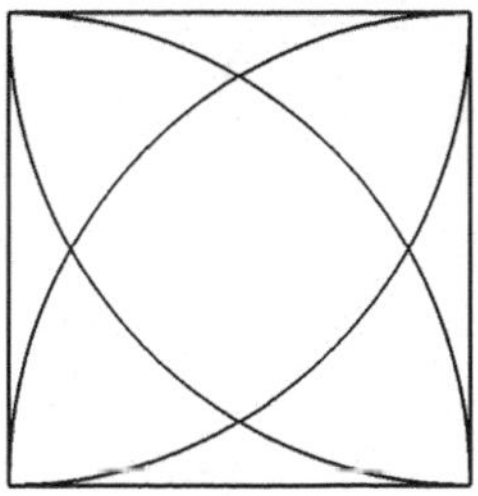

E05. Dessiner la figure qui suit. Elle est formée d'un carré, de ses deux diagonales et d'un triangle rectangle isocèle. Le dessin sera fait sans lever le crayon et sans qu'on trace deux fois la même ligne.

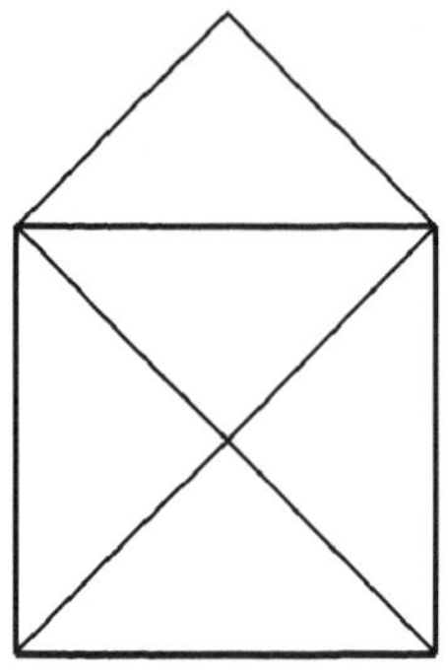

On pourra essayer de dessiner cette figure d'un mouvement continu, en ne dessinant qu'une seule fois chaque segment.

E06. Dessinez une rosace à 6 branches inscrite dans un cercle de rayon R=100.

E07. Dessiner une spirale formée par des quarts de cercle raccordés.

E08. Dessiner un cœur formé de 2 demi-cercles et de 4 arcs de cercle de 60° raccordés les uns aux autres.

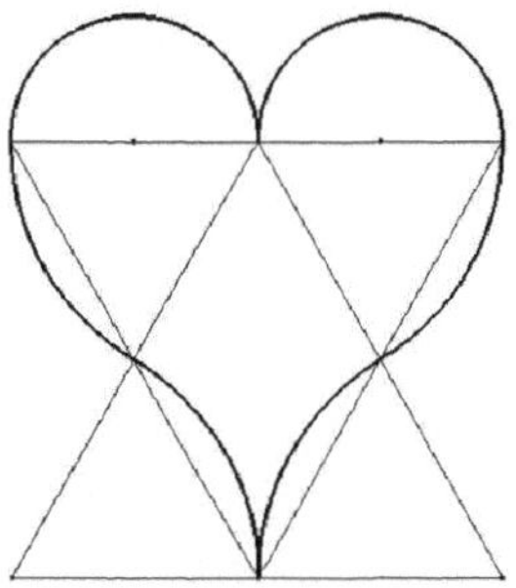

Leçon 07 : les listes

Désignée par un nom, une liste peut stocker des nombres, des mots ou des caractères quelconques. Pour créer une liste, il faut aller dans le menu* Données, *cliquer sur le bouton* Créer une liste *puis choisir un nom.

1. Un premier exemple

A titre d'exemple, créons la liste *Multiples de 5* dans laquelle nous placerons les 10 premiers multiples de 5, en commençant à 5. Pour cela, il nous faut ouvrir le menu ***Données*** et cliquer sur le bouton ***Créer une liste***.

Une fois le nom de la liste enregistré, on voit apparaître un tableau vide dans la fenêtre de gauche. Les éléments de la liste y seront rangés et numérotés au fur et à mesure de leur création par le programme. On peut allonger ou élargir le tableau en "tirant" son coin inférieur droit vers le bas ou vers la droite avec la souris. On peut également "saisir" le tableau avec la souris pour le déplacer dans la fenêtre.

On voit apparaître également des instructions qui vont permettre d'opérer sur la liste ainsi que sur ses éléments.

Voici le programme qui permet de définir la liste :

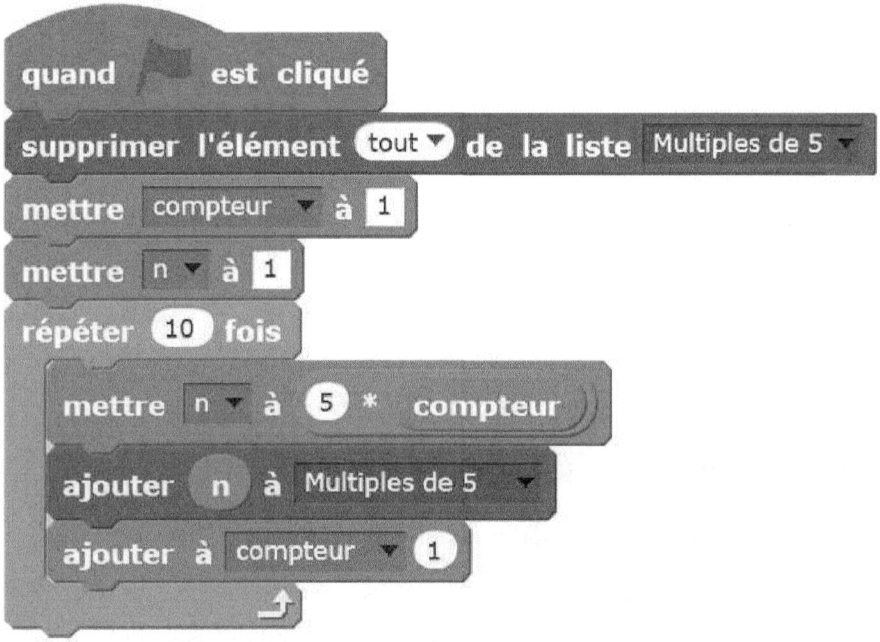

Dans la boucle ***répéter 10 fois***, la variable *compteur* désigne chacun des entiers successifs 1, 2, 3, etc. jusqu'à 10. La variable *n* représente les multiples successifs de 5 que calcule la boucle en faisant n=5×*compteur*.

A la troisième ligne, avant la boucle, on fait en sorte que la liste soit vide au début du programme en insérant l'instruction

qu'on transforme en

à l'aide du menu déroulant ouvert en cliquant sur la flèche qui suit ***supprimer l'élément***. Placée en troisième position dans la boucle, l'instruction

ajoute à la liste chaque nouveau multiple de 5 une fois qu'il a été calculé. A la fin du programme, la liste complète est affichée dans la fenêtre de gauche.

En observant la liste que montre la figure ci-dessus, on peut constater que chaque élément de la liste a bien été numéroté dans l'ordre de sa création. Cette numérotation est importante car elle permet de choisir les éléments de la liste sur lesquels on veut agir.

2. Les instructions pour les listes

Scratch contient 9 instructions qui permettent d'agir sur des listes et, individuellement, sur leurs éléments. Elles sont disponibles dès qu'une liste a été créée.

Les quatre instructions qui suivent sont les plus souvent utilisées :

La première instruction permet d'ajouter un élément quelconque à une liste. On l'utilise particulièrement pour placer dans une liste les nombres que calcule un programme. On remplace alors le mot " thing" par la variable qui convient.
La deuxième permet de supprimer de la liste l'élément dont le numéro est indiqué. Si on y remplace le numéro 1 par le mot ***tout***, on supprime alors la totalité des éléments de la liste.
La troisième permet de remplacer un élément quelconque de la liste choisie par autre chose.
La dernière permet d'utiliser un élément d'une liste, connu par son numéro, dans un calcul ou pour une comparaison.

3. Une précaution à prendre

Quand on utilise des listes dans un programme, il faut penser à les vider de leurs contenus à chaque lancement du programme. Faute de faire cela, les éléments de chaque session de travail pourraient s'empiler dans la liste et devenir encombrants !
Exemple : la figure qui suit montre le début d'un programme qui va calculer les diviseurs d'un nombre entier *n* afin de les placer dans une liste appelée *liste des diviseurs*

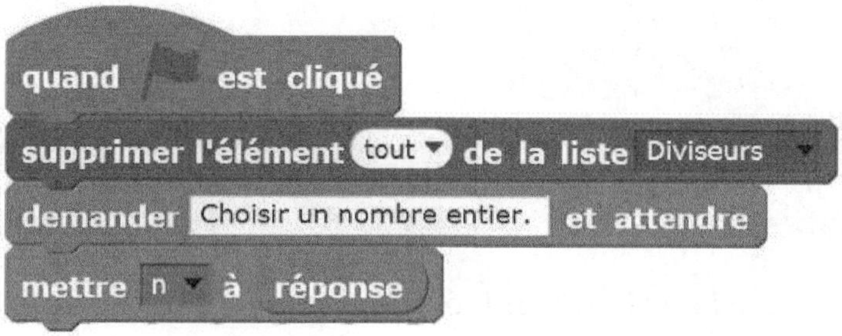

La deuxième ligne du programme montre l'instruction qui videra cette liste de ses éléments à chaque nouvelle utilisation du programme. Si on ne le faisait pas, les diviseurs de plusieurs nombres différents s'accumuleraient dans la liste.

Quand on utilise une liste dans un programme, il faut placer l'instruction qui en efface tous les éléments au début du programme.

4. Comment dénombrer les occurrences d'un élément ?

On peut très facilement compter combien de fois un élément donné figure dans une liste. Considérons par exemple la liste *Nombres*, qui contient neuf nombres absolument quelconques.

Dans un premier temps, le programme qui suit demande qu'on entre les nombres de la liste un à un, à partir du clavier. Une fois les entrées terminées, il compte alors combien de fois un élément donné, 1 par exemple, figure dans la liste.

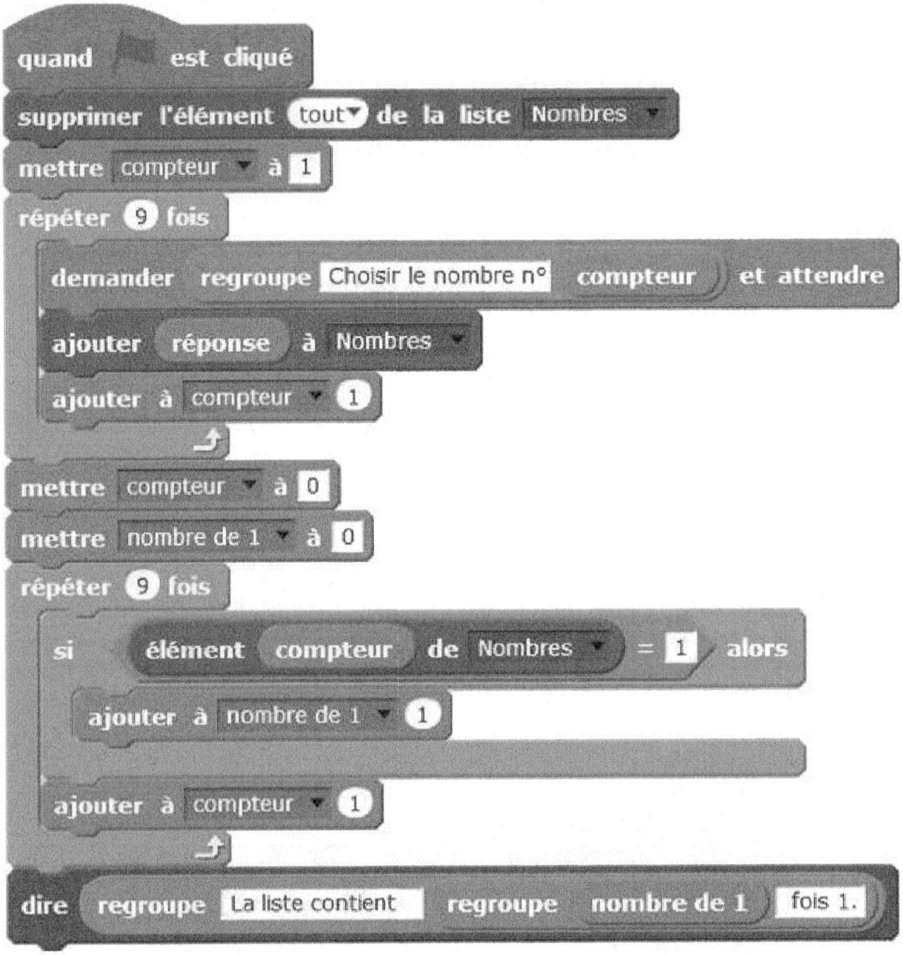

Dans le cas de cette liste {1, 2, 1, 3, 1, 5, 6, 6, 7}, on peut voir sur la figure qui suit que le chat annonce 3 occurrences pour le nombre 1.

5. Exercices

E01. Créer une liste qui contient 10 fois le nombre 1.

E02. Créer une liste qui contient les 15 nombres entiers consécutifs qui suivent 10.

E03. Créer une liste formée des multiples de 4 qui appartiennent tous à l'intervalle [4;100].

E04. Créer une liste formée des 10 premiers entiers non nuls. Afficher dans une deuxième liste les sommes de 2 éléments consécutifs de la première liste.

E05. La **suite de Fibonacci** a été découverte au XVe siècle par le mathématicien italien. A l'exception des deux premiers qui sont tous les deux égaux à 1, chaque nombre de cette suite est égal à la somme des deux nombres qui le précèdent.
Ecrire un programme qui calcule les 10 nombres de Fibonacci qui suivent les deux premiers. Placer ces nombres dans une liste.

E06. **La suite de Syracuse**
On choisit un premier nombre entier u en le prenant au moins égal à 1. Si u est pair, on prend ensuite $v = \frac{u}{2}$. Par contre, si u est impair, on prend v=3u+1. On recommence en prenant u=v et on continue pour former ce qu'on appelle une **suite de Syracuse**.
Il semble, sans qu'on l'ait encore démontré, que l'un des nombres de cette suite finisse toujours par donner le nombre 1.
Ecrire un programme qui calculera et affichera les nombres de cette suite dans une liste.

E07. Des divisions successives par 10 permettent d'obtenir un à un tous les chiffres d'un entier n. Le tableau qui suit montre la méthode pour le nombre 1368.

Valeurs de n	Quotients	Restes
1368	136	8
136	13	6
13	1	3
1	0	1

Soit n un entier de 4 chiffres. Placer un par un les chiffres de n dans une liste puis utiliser le résultat pour calculer la somme des chiffres de n.

E08. On partage l'intervalle [5;15] en 10 parties égales. Pour cela, on pose $x_1=5$, $x_2=15$ et $h=\frac{x_2-x_1}{10}$. Afficher dans une première liste les valeurs x_1, x_1+h, x_1+2h, x_1+3h, etc., jusqu'à x_2. Calculer ensuite et afficher les valeurs de la fonction affine f définie par $f(x)=4x-1$ pour ces 11 valeurs de la variable x.

Leçon 08 : les chaînes de caractères

Des lettres isolées, des mots, des phrases, des chiffres constituent des* chaînes de caractères. *Une chaîne de caractères peut être désignée par une variable.

1. Le traitement des chaînes de caractères

Scratch propose trois opérateurs qui peuvent opérer sur des chaînes de caractères. Voici ces opérateurs :

1°) L'opérateur ***regroupe*** permet d'afficher ensemble deux textes ou un texte et un nombre.
Exemple :

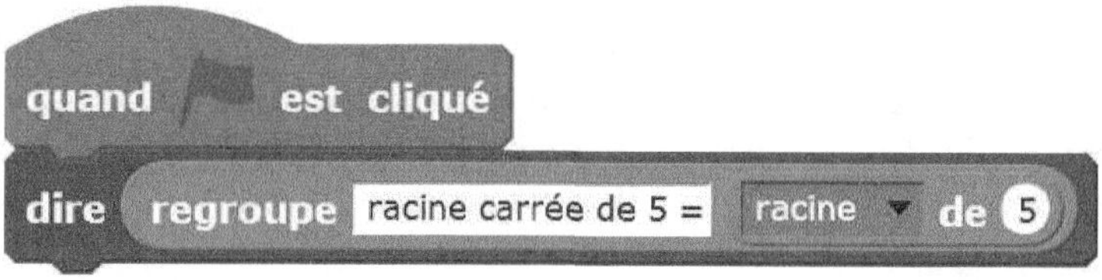

On peut utiliser plusieurs opérateurs ***regroupe*** en les liant pour former une seule instruction composée.
Exemple :

2°) L'opérateur ***lettre 1 de …*** renvoie la première lettre de la chaîne placée dans le rectangle blanc à la place du mot « world ». Quand c'est un mot ou une phrase, cette chaîne peut être écrite. Naturellement, on peut remplacer le 1 par un autre numéro.
3°) L'opérateur ***longueur de …*** renvoie le nombre de caractères qui forment la chaîne écrite dans le rectangle blanc ou de la variable qui y est placée.
Exemple : le programme qui suit extrait une à une les lettres d'un mot et les place dans une liste.

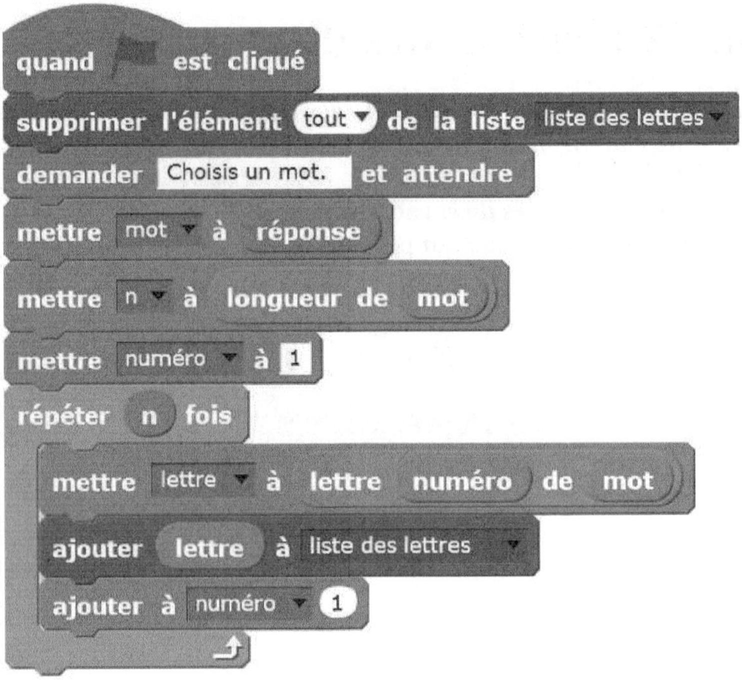

2. Combien de chiffres y a-t-il dans l'écriture d'un entier ?

L'écriture décimale d'un nombre est aussi une chaîne de caractères et peut donc être traitée comme telle. Dans le cas par exemple de l'écriture décimale d'un entier, la longueur de cette chaîne représente aussi le nombre des chiffres qu'on trouve dans cette écriture.

Le programme qui suit utilise cette remarque pour déterminer le nombre des chiffres d'un entier :

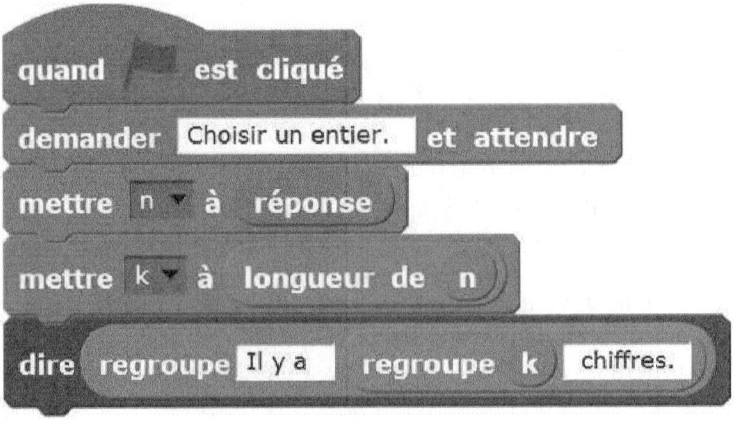

Dans ce programme, *n* désigne un entier entré au clavier et *k* représente le nombre des chiffres de l'écriture décimale de cet entier.

3. Quels chiffres dans l'écriture décimale d'un entier ?

Après avoir créé les deux variables *entier* et *chiffre*, formons cette suite de trois instructions.

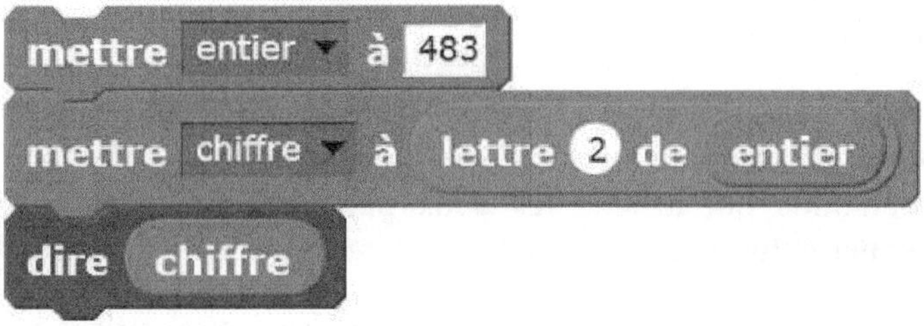

En double-cliquant sur la première instruction, on obtient la réponse 8 qui n'est autre que le deuxième chiffre du nombre 483. Autrement dit, l'instruction ***mettre chiffre à lettre** 2 **de entier*** ne renvoie pas la deuxième lettre du mot « *entier* » mais le deuxième chiffre du nombre que représente la variable *entier*.

Comme l'écriture décimale d'un nombre entier est une chaîne de caractères, on peut en extraire les chiffres un par un avec l'instruction

En application de cette remarque, écrivons un programme qui calcule la somme des chiffres d'un entier de *n* chiffres.

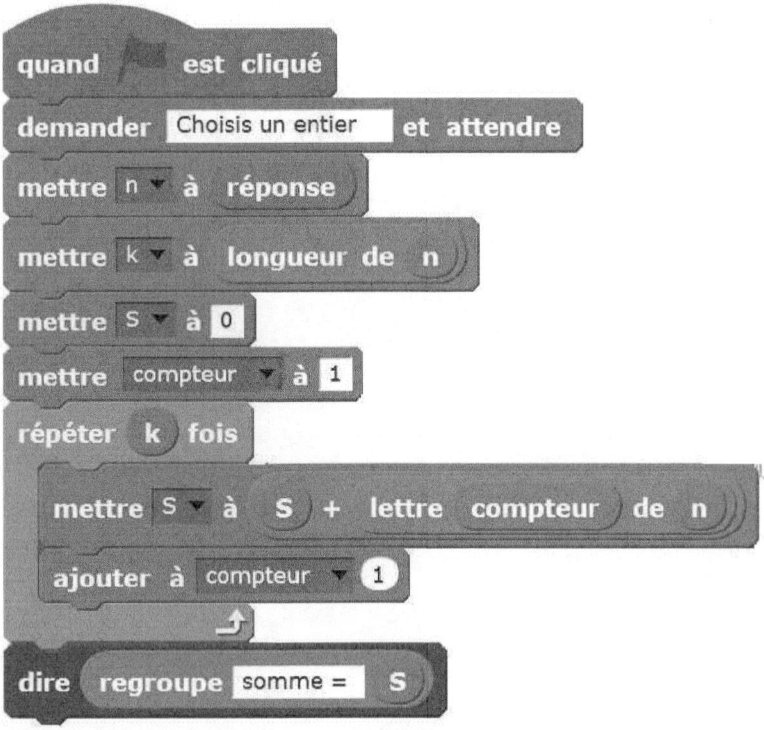

3. Exercices

E01. Ecrire un programme qui indique si une chaîne entrée au clavier contient ou non les caractères non accentués "e" et "E". Dans l'affirmative, donner le nombre de chaque caractère présent.

E02. Un nombre quelconque est toujours encadré par deux puissances de 10 successives. On a par exemple $10^3<2345<10^4$.
Ecrire un programme qui affiche les deux puissances de 10 consécutives qui encadrent un entier naturel n.

E03. Entrer un mot quelconque x et former, avec ses lettres prises à l'envers, un deuxième mot y. Par exemple, si x="éléphant" alors y="tnahpélé". Le programme dira si le mot choisi x est un palindrome, ce qui se produit quand $x=y$.

E04. Reprendre le programme qui calcule la somme des chiffres d'un entier naturel n puis utiliser la fonction ***modulo*** pour calculer le reste de la division euclidienne par 9 de n et le reste de la division euclidienne par 9 de la somme de ses chiffres.

E05. Ecrire un programme qui renvoie la somme des carrés des chiffres d'un entier naturel n.

E06. Ecrire un programme qui renvoie la somme des cubes des chiffres d'un entier naturel n.

E07. **Les nombres d'Amstrong**
Un entier d'Amstrong est un entier qui est égal à la somme des cubes de ses chiffres. 153 par exemple est un nombre d'Amstrong car $153=1^3+5^3+3^3$.
Rechercher tous les nombres d'Amstrong inférieurs à 1000.

Leçon 09 : le hasard avec Scratch

Le menu* Opérateurs *contient un générateur de nombres aléatoires qui renvoie au hasard un entier compris entre deux nombres a et b, pas forcément entiers. On peut l'utiliser pour écrire des programmes qui permettent de* simuler des expériences aléatoires *comme des lancer de dés, des lancers de pièces de monnaie, des tirages au sort par exemple.

1. Comment simuler le lancer d'une pièce de monnaie ?

Quand on lance une pièce de monnaie, elle retombe sur le sol en montrant son côté *pile* ou son côté *face*. Pour simuler de tels lancers, on décide de représenter *pile* par le nombre 1 et *face* par le nombre 2.

Le programme suivant montre, dans une liste, le résultat d'une série de 10 lancers successifs.

Dans ce programme, le nombre tiré au sort est représenté par la variable *alea*. Il vaut donc soit 1 soit 2. Les résultats des tirages au sort successifs sont affichés dans une liste nommée *résultats*. Voici ce qu'on obtient avec 3 séries de 10 lancers successifs :

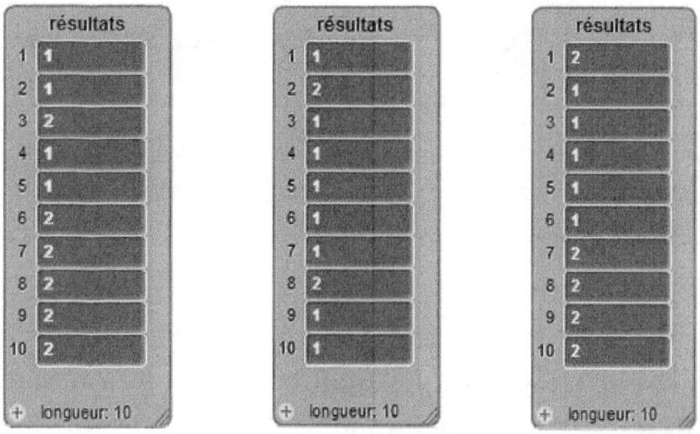

On peut modifier ce programme pour éviter d'utiliser une liste. On se contentera alors de compter combien de fois la pièce montre *pile* et combien de fois elle montre *face* quand on la lance 100 fois successivement. Voici le nouveau programme :

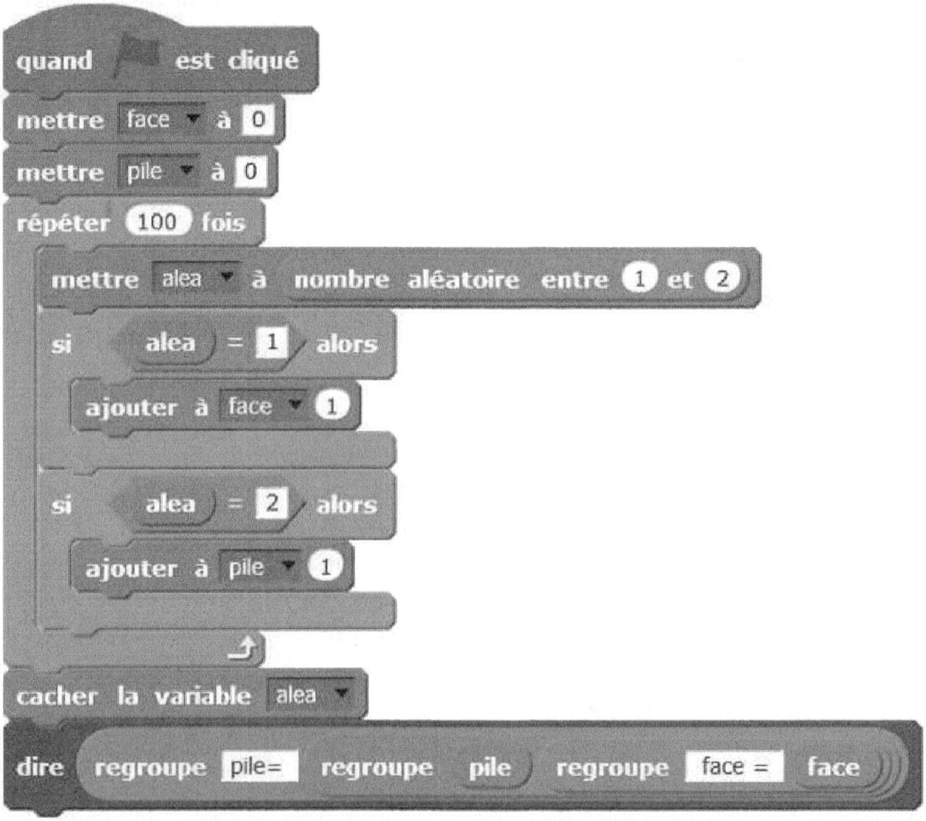

Dans ce programme, il n'y a plus de liste mais on a créé deux variables supplémentaires appelées *pile* et *face*. Voici le résultat obtenu pour 100 lancers :

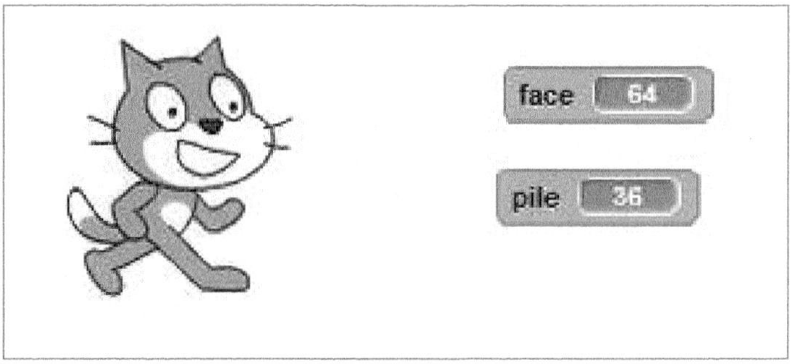

2. Comment simuler le lancer d'un seul dé ?
On peut reprendre le premier programme de la leçon et remplacer le 2 par un 6 pour simuler cette fois une série de 10 lancers successifs d'un seul dé.

Comme avec la pièce de monnaie, on peut modifier ce programme pour totaliser combien de fois chaque numéro est sorti. Pour cela, on utilisera 7 variables :
- la variable *alea* représentera la sortie d'un nombre qui peut être 1, 2, 3, 4, 5 ou 6 ;
- la variable *un* totalisera le nombre de fois où le 1 est sorti ;
- la variable *deux* totalisera le nombre de fois où le 2 est sorti et ainsi de suite.

Chaque expérience consistera à effectuer 100 lancers successivement, nombre qu'on peut naturellement changer.
Comme le script est assez long, nous le présenterons en 2 parties. Voici le début du programme :

Et voici la fin du même programme :

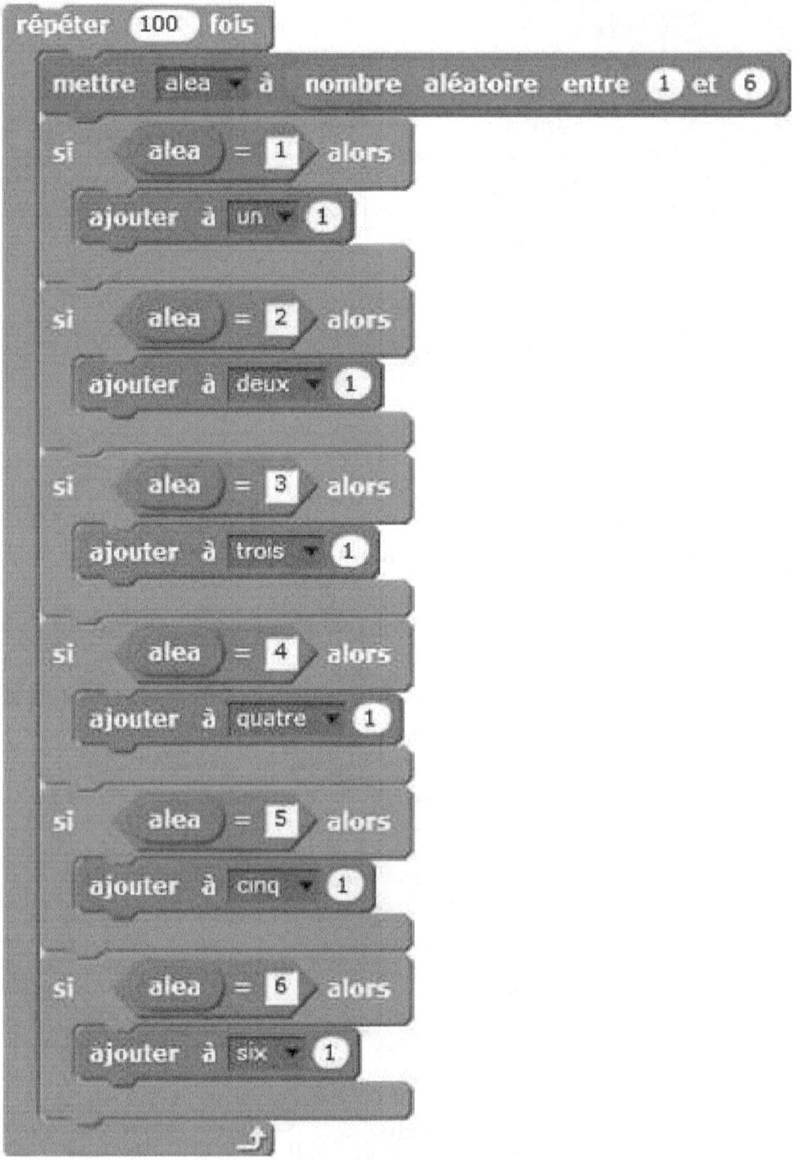

Les résultats des lancers sont affichés dans la fenêtre de gauche. Voici par exemple le résultat d'une série de 100 lancers :

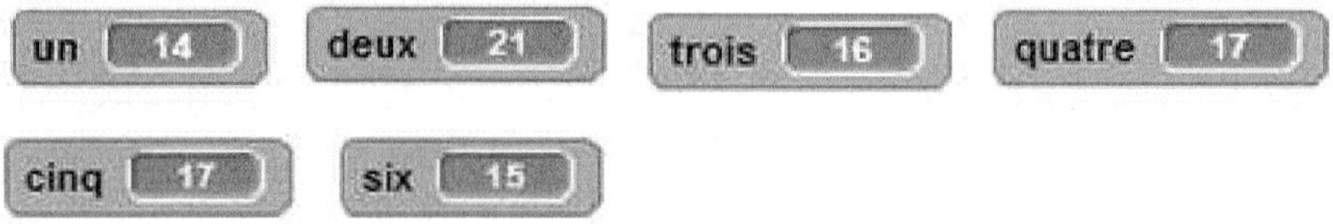

On peut en déduire immédiatement la fréquence de sortie de chaque total.

3. Comment simuler le lancer simultané de deux dés ?

Pour écrire un programme qui simule dix lancers successifs de 2 dés, on utilise 3 variables, une pour chaque dé, plus une troisième, appelée *compteur*, qui numérote les lancers successifs. Les résultats des lancers sont affichés dans deux listes, une par dé.

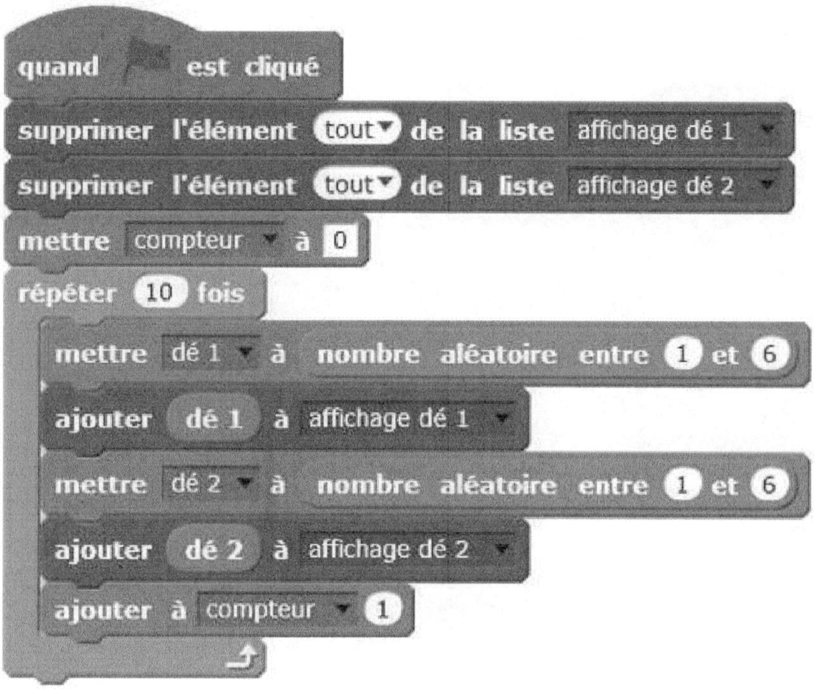

Voici le résultat d'une série de 10 lancers :

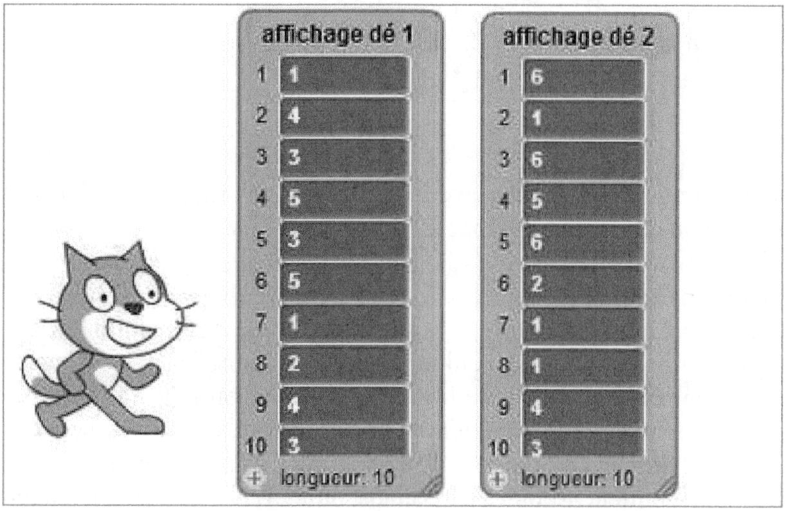

4. Un tirage avec remise

Une urne contient 3 boules blanches, 2 boules rouges et 1 boule noire. On tire une première boule au hasard, on note sa couleur puis on la remet dans l'urne. On recommence une deuxième puis une troisième fois.

Dans le programme qui simule cette expérience, on tire au sort un nombre entier compris entre 1 et 6 . Les nombres 1, 2 et 3 désignent le tirage d'une boule blanche, les nombres 4 et 5 celui d'une boule rouge, le nombre 6 celui d'une boule noire.

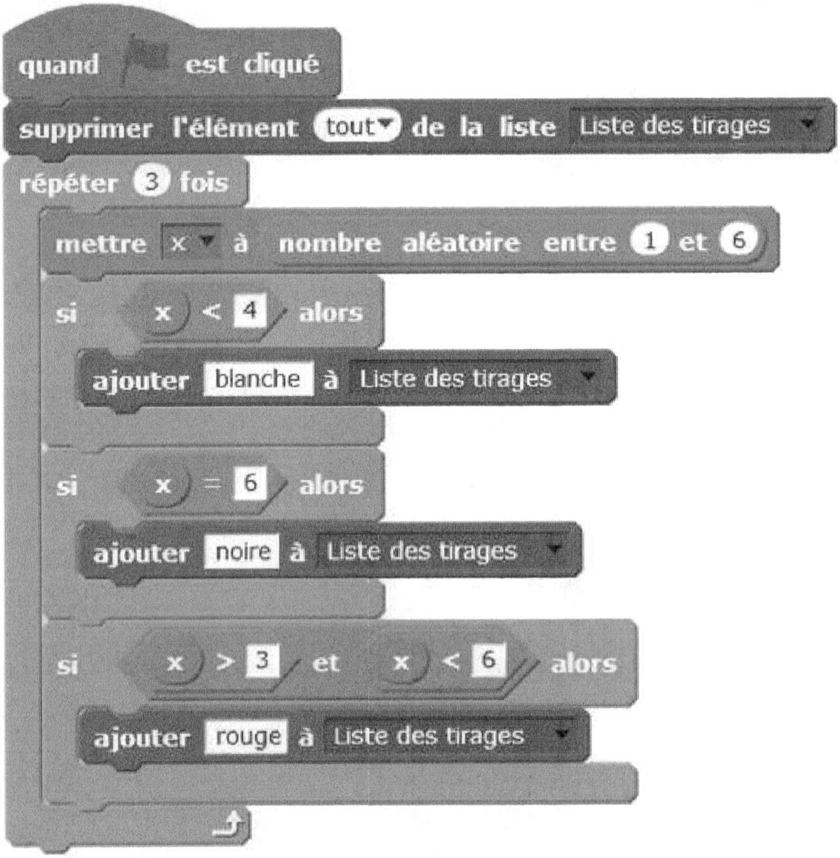

Pour chaque tirage de 3 boules avec remise dans l'urne, le résultat obtenu est affiché sur l'écran dans une liste appelée *Liste des tirages*.

5. Un tirage sans remise

Une urne contient 2 boules rouges, 1 boule blanche et 1 boule noire. On extrait une boule de cette urne, on note sa couleur mais, cette fois, on ne la remet pas dans l'urne. On extrait ensuite une autre boule de l'urne et on note sa couleur. Dans le programme qui simule cette expérience, on utilise deux listes, la liste des boules contenues dans l'urne et celle qui montre le résultat d'une expérience. Initialement, la première liste contient 4 boules de couleur numérotées de 1 à 4. On supprime de cette liste le numéro qui correspond à la première boule enlevée. On enlève ensuite la deuxième boule en la choisissant parmi les boules qui restent dans l'urne.

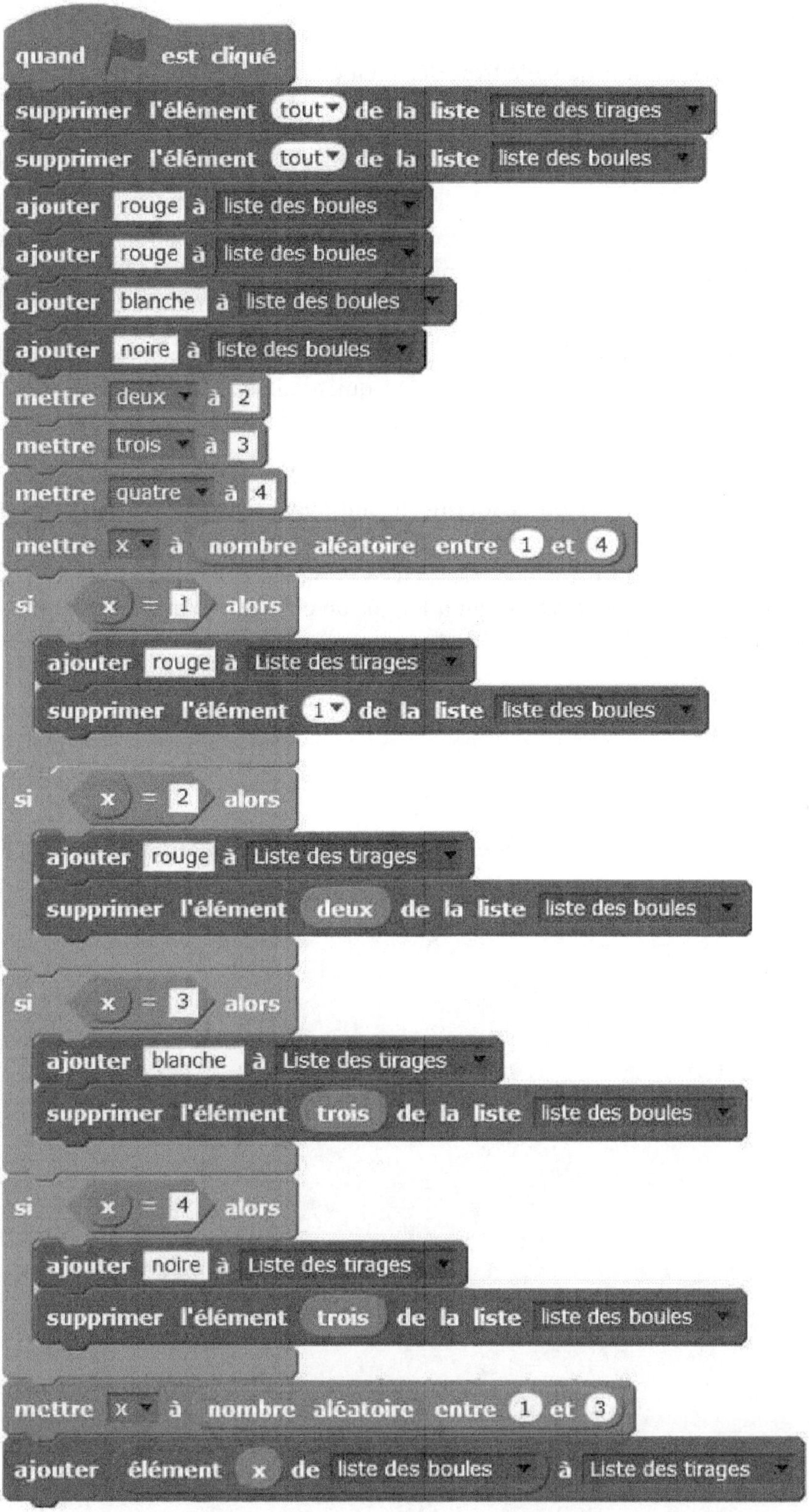
quand est cliqué
supprimer l'élément tout de la liste Liste des tirages
supprimer l'élément tout de la liste liste des boules
ajouter rouge à liste des boules
ajouter rouge à liste des boules
ajouter blanche à liste des boules
ajouter noire à liste des boules
mettre deux à 2
mettre trois à 3
mettre quatre à 4
mettre x à nombre aléatoire entre 1 et 4
si x = 1 alors
ajouter rouge à Liste des tirages
supprimer l'élément 1 de la liste liste des boules
si x = 2 alors
ajouter rouge à Liste des tirages
supprimer l'élément deux de la liste liste des boules
si x = 3 alors
ajouter blanche à Liste des tirages
supprimer l'élément trois de la liste liste des boules
si x = 4 alors
ajouter noire à Liste des tirages
supprimer l'élément trois de la liste liste des boules
mettre x à nombre aléatoire entre 1 et 3
ajouter élément x de liste des boules à Liste des tirages

5. Exercices

E01. On lance 1000 fois de suite trois dés bien équilibrés. Obtient-on un total de 10 plus « facilement » qu'un total de 9 ?

E02. On lance trois dés bien équilibrés 1000 fois de suite. Combien de fois obtient-on les trois as ?

E03. Le **jeu de craps** se joue avec deux dés. Le joueur qui lance les dés perd s'il obtient un total de 2 ou de 3 ou encore de 12. Il gagne s'il obtient 7 ou 11. Il rejoue dans tous les autres cas. Ecrivez un programme qui simule une partie.

E04. On lance 1000 fois de suite quatre pièces de monnaie identiques. Ecrire un programme qui simule cette expérience et qui totalise le nombre de fois où on obtient 1 fois pile et 3 fois faces, 2 fois pile et 2 fois face, 3 fois pile et 1 fois face, et enfin 4 fois pile.

E05. Au **jeu du lièvre et de la tortue**, il faut avancer de 6 cases pour gagner la partie. On lance un dé : si on obtient 6, le lièvre avance de 6 cases et gagne. Pour tout autre résultat, la tortue avance de 2 cases et on relance le dé.
Ecrire un programme pour savoir qui a le plus de chances de gagner le jeu, le lièvre ou la tortue ?

2. Travaux pratiques

TP01 : astronautique

1. Période de révolution d'un satellite artificiel

La période de révolution T d'un satellite artificiel qui circule autour de la Terre sur une orbite circulaire de rayon $R+h$ est donnée par la formule $T=\sqrt{\frac{(R+h)^3}{c}}$. Dans cette formule, R est le rayon de la Terre et vaut 6400 km, h est l'altitude du satellite exprimée en km, c est une constante qui vaut $1{,}316\,926\times 10^{11}$. T est alors calculée en heure(s). Ecrire un programme qui calculera T en fonction de h. La valeur de T sera convertie en heures et en minutes.

■ Application : calculer T pour h=80 km puis pour h=35 931 km.

2. Navigation interplanétaire

Pour les voyages interplanétaires, les trajectoires les plus économiques sont celles qui transforment la fusée en un satellite du Soleil et lui font suivre une orbite de transfert de forme elliptique. La figure suivante montre une telle orbite pour un voyage qui va de la Terre à Mars.

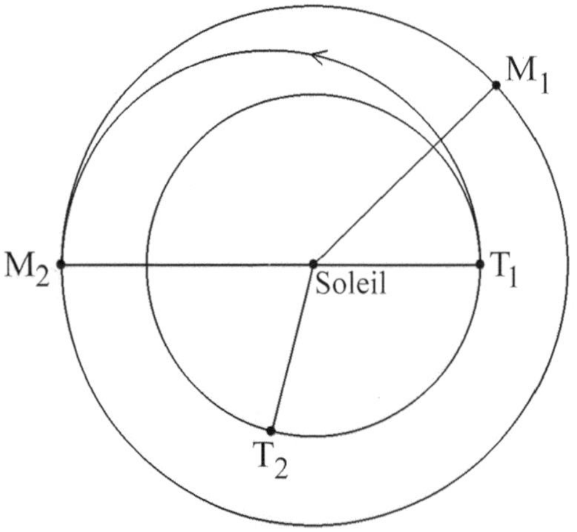

Au départ de la fusée qui va rallier Mars, la Terre et Mars sont en T_1 et M_1 respectivement. Quand la fusée arrive sur Mars, en M_2, la Terre est en T_2.

Si d est la distance qui sépare le Soleil de la planète visée, la durée T du voyage se calcule à l'aide de la formule $T=\frac{365,25}{2}\sqrt{\frac{(1+d)^3}{8}}$ qui a été proposée en 1925 par l'ingénieur allemand Walter Hohmann (1880-1945). Dans cette formule, d est exprimée en unités astronomiques (1 unité astronomique, en abrégé 1 u.a, représente la distance de la Terre au Soleil) et T est exprimée en jours.

Ecrire un programme pour calculer *T* en fonction de *d*. La valeur de *T* sera arrondie à l'unité et, le cas échéant, elle sera donnée en années et en jours. On utilisera le tableau ci-dessous, qui donne la valeur de *d* (exprimée en u.a.) pour les différentes planètes du système solaire :

Nom de la planète	*d*
Mercure	0,387
Vénus	0,723
Terre	1
Mars	1,524
Jupiter	5,204
Saturne	9,580
Uranus	19,141
Neptune	30,198

TP02 : des achats et des réductions

Le rayon musique d'une grande surface offre les conditions suivantes pour l'achat de n DVD audio :

- pour $n>5$, on bénéficie d'une réduction de 5 % sur le montant des achats ;
- pour $3 \leq n \leq 5$, la réduction ne représente plus que 3 % du montant des achats ;
- pour $n<3$, il n'y a pas de réduction.

Tous les DVD concernés par cette promotions valent 18 euros pièce. Ecrire un programme qui calculera le montant à payer pour une valeur quelconque de n.
On pourra utiliser le diagramme ci-dessous qui résume la situation :

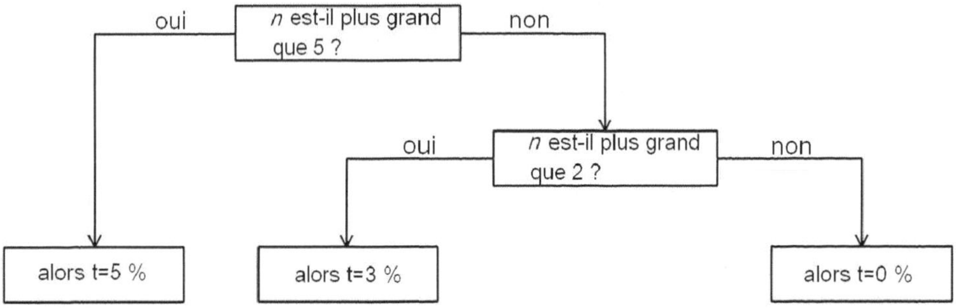

TP03 : résolution d'un système

1. On s'intéresse à un système de 2 équations du premier degré à 2 inconnues. Un tel système s'écrit $\begin{cases} ax+by=c & (1) \\ a'x+b'y=c' & (2) \end{cases}$.

Trois cas, que rappelle l'organigramme suivant, peuvent se produire.

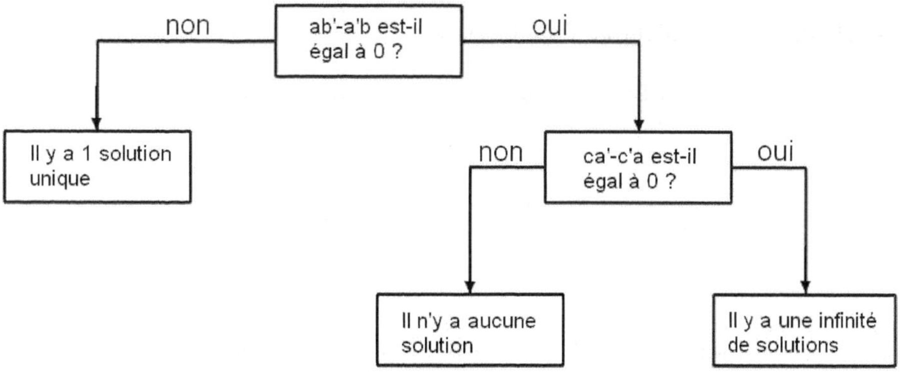

Si le nombre *ab'-a'b* n'est pas nul, le système admet une unique solution $(x\ ;\ y)$ avec $x=\dfrac{b'c-bc'}{ab'-a'b}$ et $y=\dfrac{ac'-a'c}{ab'-a'b}$.

Si le nombre *ab'-a'b* est nul, deux cas peuvent se produire : ou bien le système n'a aucune solution ou bien il en a une infinité.

2. Utiliser ces résultats pour écrire un programme qui permettra de résoudre un système de 2 équations du 1er degré à 2 inconnues.

TP04 : dessiner des quadrilatères

Avec Scratch, nous avons déjà dessiné un carré à la leçon 06. Il existe d'autres quadrilatères qu'on peut tenter de dessiner également. Les uns sont convexes : les rectangles, les losanges, les trapèzes et les cerfs-volants. D'autres ne le sont pas comme le fer de lance.

1. Dessiner un parallélogramme ABCD en choisissant les longueurs des côtés [AB] et [CD] ainsi que la valeur de l'angle $\widehat{ABC}$.

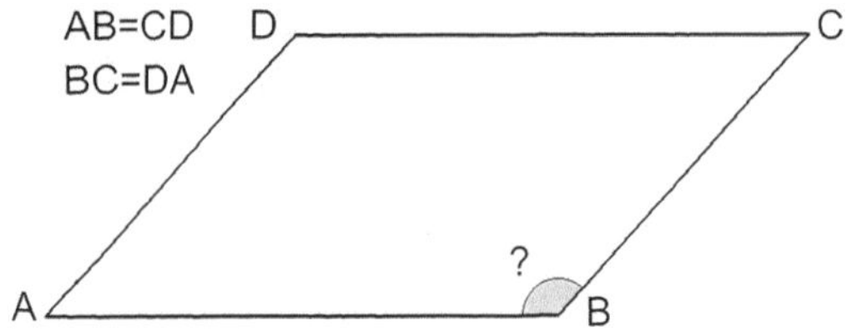

2. Dessiner un losange ABCD en choisissant la longueur de ses côtés ainsi que la valeur de l'angle $\widehat{ABC}$.

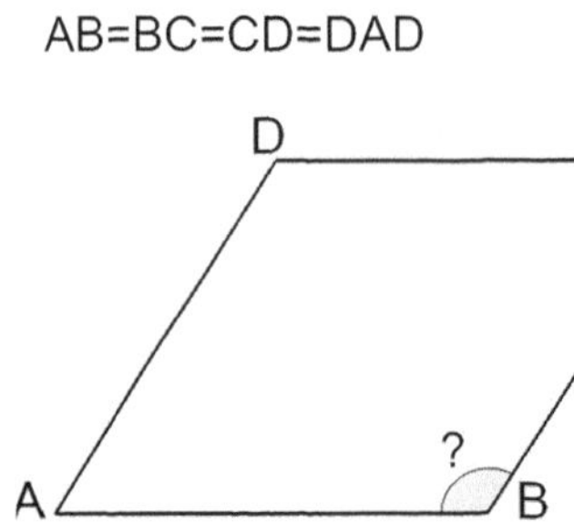

3. Dessiner ce trapèze isocèle.

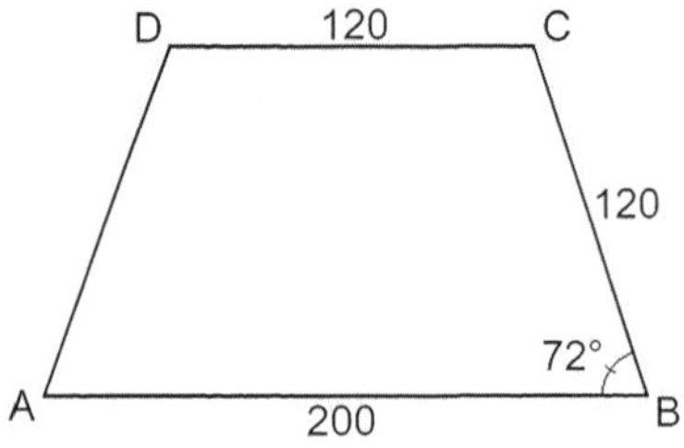

TP05 : dessiner des triangles

1. Dessiner ce triangle ABC rectangle en B.

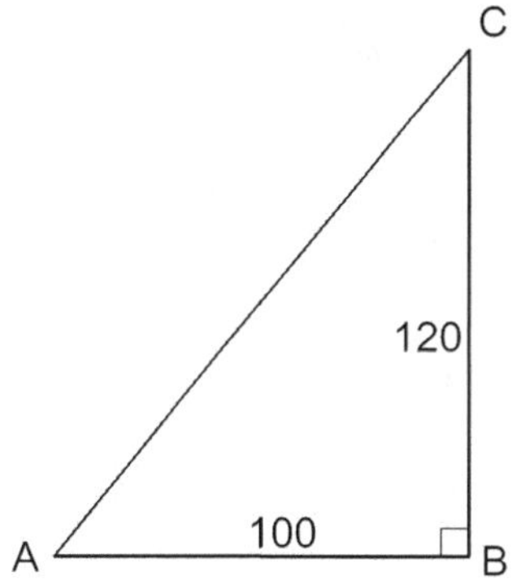

■ Un coup de pouce : il faut calculer d'abord l'angle $\widehat{BCA}$ (en degrés) puis la longueur CA.

2. Dessiner ce triangle ABC isocèle en A en calculant d'abord les valeurs des angles $\widehat{ABC}$ et $\widehat{BCA}$.

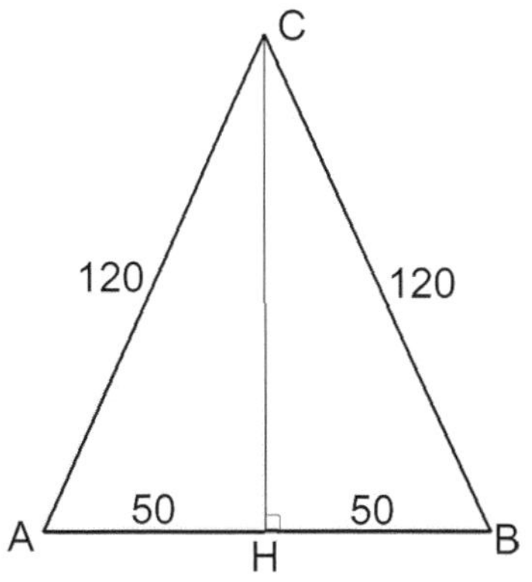

TP06 : le diamant

1. La figure ci-dessous comprend un hexagone régulier, 6 carrés et 6 triangles équilatéraux mais on peut y voir également un dodécagone régulier avec 6 carrés et 6 triangles équilatéraux.

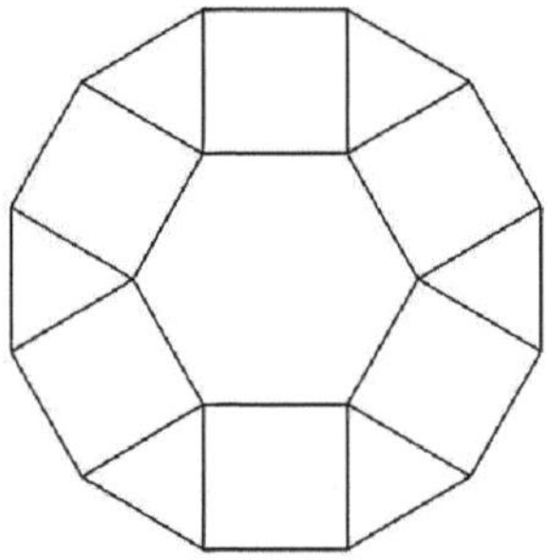

Ecrire un programme pour dessiner cette figure en essayant d'utiliser au maximum les symétries existantes.

2. Comme il existe plusieurs façons de concevoir le tracé, on pourra comparer différents programmes afin de retenir le plus court.

TP07 : racine carrée et racine cubique

1. Calcul approché d'une racine carrée par la méthode de Héron

On peut calculer des valeurs approchées de la racine carrée d'un nombre positif a en utilisant la méthode du géomètre grec Héron d'Alexandrie qui vivait au Ier siècle après J.-C. Il a démontré que, si r_1 est une valeur approchée de $\sqrt{a}$, le nombre $r_2 = \frac{1}{2}(r_1 + \frac{a}{r_1})$ est une meilleure valeur approchée de $\sqrt{a}$.

1°) Ecrire un programme qui donnera la valeur approchée de $\sqrt{a}$ obtenue à la 10ème itération.

2°) Modifiez ce premier programme de façon à pouvoir afficher les valeurs approchées successives.

2. Calcul approchée d'une racine cubique

On rappelle que la racine cubique d'un nombre positif a est le nombre r tel que $r^3=a$. On peut calculer des valeurs approchées de cette racine cubique en utilisant un algorithme semblable à celui que proposait Héron. Si r_1 est une valeur approchée de la racine cubique de a, on démontre que le nombre $r_2 = \frac{1}{3}(2r_1 + \frac{a}{r_1^2})$ est une meilleure valeur approchée de cette racine cubique.

Ecrire un programme qui donnera la valeur approchée de la racine cubique de a obtenue à la 20ème itération.

Vérifier ce programme en prenant successivement a=27, a=125, a=1000.

TP08 : diviseurs d'un entier et nombres parfaits

1. Pour trouver tous les diviseurs d'un entier *n*, on essaye de le diviser par chacun des entiers qui sont strictement inférieurs à *n*+1, en commençant à 1. Naturellement, on ne retient et on affiche comme diviseurs de l'entier *n* que les nombres qui donnent un reste euclidien nul.

Exemple : voici la liste des diviseurs de 36

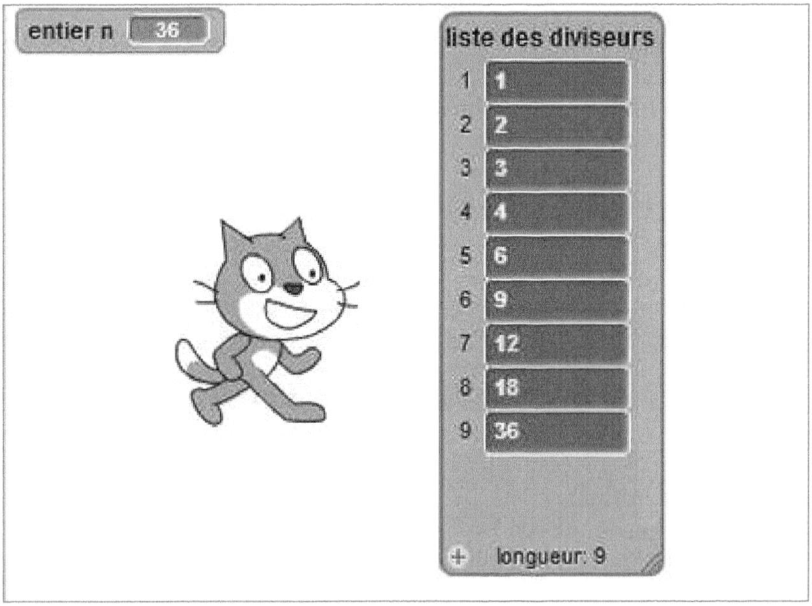

2. Au IIIe siècle avant J.-C., Euclide a donné la définition d'un **nombre parfait** dans le livre IX de ses *Eléments* : c'est un nombre entier qui est égal à la somme de ses diviseurs propres. Par exemple, 6 est parfait car 6=1+2+3.
Euclide connaissait quatre nombres parfaits, tous inférieurs à 10000.
Ecrire un programme qui dira si un entier *n* entré au clavier est parfait ou non.

TP09 : PGCD de deux entiers naturels (1)

Deux entiers *a* et *b* non nuls quelconques ont au moins un diviseur commun puisque 1 divise tous les entiers. S'ils ont plusieurs diviseurs communs, l'un d'eux est forcément le plus grand de tous. On l'appelle le PGCD des deux nombres.
Exemple :
les diviseurs de 30 sont 1, 2, 3, 5, 6, 10, 15 et 30 ; ceux de 48 sont 1, 2, 3, 4, 6, 8, 12, 16, 24 et 48. Le PGCD de 30 et de 48 est égal à 6.

Il existe plusieurs méthodes pour calculer le PGCD de 2 entiers naturels. En voici deux.

1. Première méthode
Soient *a* et *b* deux entiers naturels. On peut établir la liste des diviseurs de *a* et celle des diviseurs de *b*. L'utilisateur du programme paut alors trouver le PGCD de ces deux entiers en examinant les deux listes une fois qu'elles ont été constituées.
Ecrire un programme qui utilise cette méthode pour calculer le PGCD de deux entiers.
Exemple :

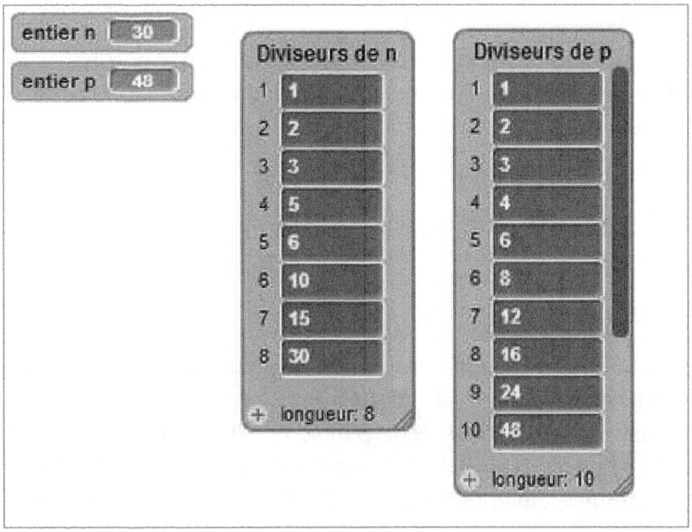

2. Deuxième méthode
Soit *a* et *b* deux entiers naturels non nuls, avec $b < a$. Pour trouver leur PGCD, on peut essayer de diviser *a* et *b* par tous les entiers inférieurs à $b+1$. Le nombre cherché sera le plus grand des diviseurs communs trouvés. En utilisant cette méthode, écrire un programme qui calculera le PGCD des nombres *a* et *b*.

TP10 : PGCD de deux entiers naturels (2)

1. Méthode des soustractions successives

Cette méthode inventée par le géomètre grec Euclide au IIIe siècle avant J.-C. consiste a effectuer des soustractions successives.

Exemple : calculons le PGCD des nombres 90 et 36 avec cette méthode. On obtient successivement $90-36=54$, $54-36=18$, $36-18=18$ et enfin $18-18=0$: donc le PGCD de 90 et de 36 est 18.

D'une façon générale, si a et b désignent deux entiers naturels tels que $a > b$, on calcule d'abord $a-b=d$. Ensuite on remplace a par le plus grand des deux nombres b et d et on recommence. On obtient le PGCD des deux nombres quand le résultat d'une soustraction est égal à 0.

Ecrire un programme qui calculera le PGCD de 2 entiers par la méthode des soustractions successives.

▪ Un coup de pouce : pour éviter de soustraire b à a quand b est plus grand que a, on peut calculer la valeur absolue de $a-b$ en utilisant la fonction ABS.

2. Méthode des divisions successives ou algorithme d'Euclide

On peut remplacer les soustractions successives par des divisions euclidiennes successives. Pour obtenir par exemple le PGCD de 753 et de 246, on effectue les quatre divisions suivantes :

753	246	246	15	15	6	6	3
15	3	96	16	3	2	0	2
		6					

Le PGCD cherché est 3 : c'est le dernier reste non nul de cette série de divisions.
D'une façon générale, si a et b désignent deux entiers naturels tels que $a > b$, on effectue la division euclidienne de a par b, ce qui donne $a=bq+r$. On remplace ensuite a par b et b par r. Le PDCD des deux nombres est le dernier reste non nul.
Ecrire un programme qui calculera le PGCD de 2 entiers par la méthode des divisions successives..

3. Application à la simplification des fractions

Adapter l'un des deux programmes à la simplification d'une fraction.

TP11 : les nombres premiers

On rappelle qu'un nombre entier *n* est premier si et seulement s'il possède deux diviseurs.

1. Le programme qui suit a été vu au paragraphe 5 de la leçon 5. Il affiche la liste des diviseurs d'un entier *n* entré au clavier par l'utilisateur.

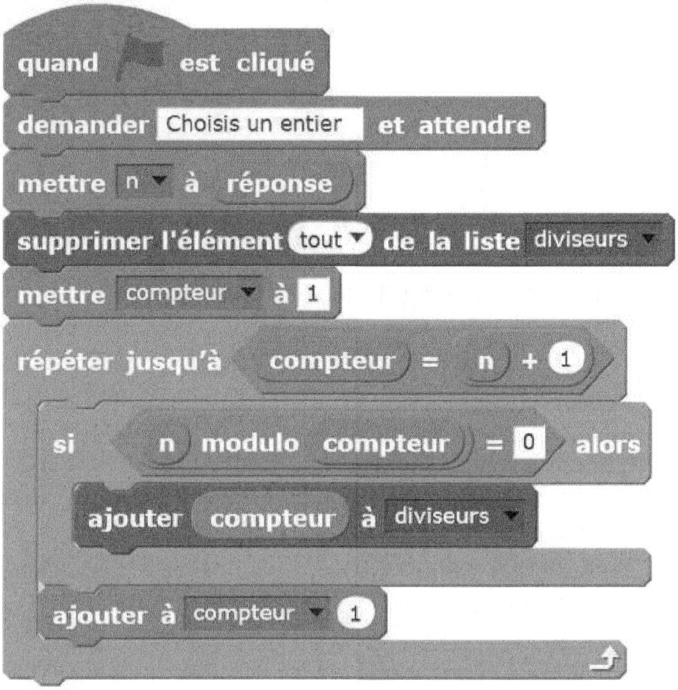

Modifier ce programme pour obtenir dans un premier temps le nombre des diviseurs d'un entier *n*.

2. Une autre modification donnera ensuite un programme qui dira si *n* est premier ou non.

3. En introduisant une boucle ***répéter jusqu'à ...***, transformer le programme précédent en un programme qui établira la liste des nombres premiers inférieurs à un entier *N* choisi au début du programme.

4. En introduisant les bornes *a* et *b* dans le programme du paragraphe 3, on pourra obtenir un nouveau programme qui établira la liste des nombres premiers compris entre les entiers *a* et *b* (à condition que ces nombres ne soient pas trop grands).

TP12 : Pythagore et les nombres entiers

Au Ve siècle avant J.-C., les Pythagoriciens pensaient que la connaissance des nombres est la clé qui permet de comprendre les mystères du Cosmos. Ils étudiaient les nombres en posant des cailloux sur le sol.

1. Les nombres triangulaires

Si on place les cailloux en triangles, on forme des *nombres triangulaires* qui constituent une suite illimitée. La figure qui suit montre les trois premiers nombres triangulaires.

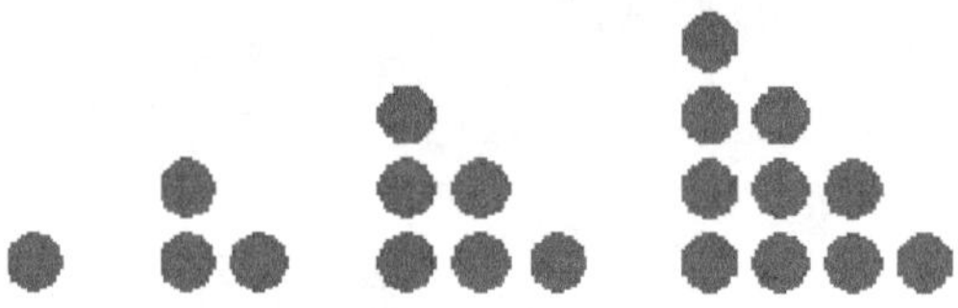

Le premier nombre de la suite est 1, le deuxième est 3, le troisième est 6, le quatrième est 10 et ainsi de suite. On observe que le n^{ième} nombre triangulaire est la somme du nombre triangulaire qui le précède et du nombre entier *n*.
Ecrire un programme qui affichera la liste des *n* premiers nombres triangulaires.

2. Les triplets pythagoriciens

Les Egyptiens savaient qu'un triangle dont les côtés mesurent respectivement 3, 4 et 5 unités est un triangle rectangle mais on attribue à Pythagore la découverte du théorème célèbre qui porte son nom.
Depuis, on appelle triplet pythagoricien un ensemble de trois entiers *x*, *y* et *z* tels que $x^2+y^2=z^2$.

Pour construire un programme qui affiche les triplets pythagoriciens dont les éléments sont compris entre 1 et 20 par exemple, on cherchera tous les entiers *z* qui vérifient la relation $x^2+y^2=z^2$, *x* et *y* étant des entiers de l'intervalle [1;20]. En supposant $1 \leq x \leq 20$ et $x<y$, il suffira donc de choisir *y* dans l'intervalle $[x+1;\, 20]$.
Pour afficher les résultats, on utilisera trois listes appelées respectivement *Nombre x*, *Nombre y* et *Nombre z*.

TP13 : 198 ou 1089 ?

Il s'agit dans ce TP de mener une étude expérimentale sur les nombres entiers de 3 chiffres.

1. Prenons par exemple le nombre 527 qui s'écrit avec les trois chiffres 5, 2 et 7. En écrivant ces mêmes chiffres dans l'ordre inverse, on forme le nombre 725.
Si on soustrait 527 à 725, on obtient le nombre 198.

Le nombre 198 s'écrit avec les chiffres 1, 9 et 8. En écrivant ces mêmes chiffres dans l'ordre inverse, on forme le nombre 891.
Si on ajoute 198 et 891, on obtient le nombre 1089.

On peut se demander ce qu'il arriverait si on faisait les mêmes calculs avec d'autres nombres ? Obtiendrait-on les mêmes résultats ?

2. Pour répondre à ces deux questions, on peut écrire un programme qui effectuera les calculs indiqués en partant d'un nombre entier n de 3 chiffres absolument quelconque.

■ Un coup de pouce : pour construire le programme, écrire n sous la forme $n=100c+10d+u$, c étant le chiffre des centaines, d celui des dizaines et u celui des unités.

3. Prolongement possible : traiter le même problème avec des entiers de 4 chiffres.

TP14 : calcul d'une moyenne et tri

Quand on dispose d'une série de notes, on veut calculer la note moyenne, déterminer la note la plus basse et la note la plus haute. On peut souhaiter également classer ces notes dans un ordre croissant.

1. Pour calculer la **moyenne arithmétique** de plusieurs notes, on en fait la somme et on divise le résultat obtenu par le nombre des notes.
Ecrire un programme qui calculera la moyenne d'un nombre connu de notes. Celles-ci seront entrées une à une au clavier. Le résultat sera présenté avec deux décimales seulement.

2. Après avoir entré des notes au clavier, on recherchera quelle est la note la plus basse et quelle est la note la plus élevée.

3. Pour classer des notes par ordre de grandeur, de la plus petite à la plus grande par exemple, on dispose de plusieurs méthodes. La méthode la plus simple est celle qui consiste à rechercher les minima successifs .
Pour effectuer le tri, on utilise deux listes. La première contient les notes avant le tri, dans l'ordre des entrées. La seconde contient les notes triées.
Voici maintenant comment on fait le tri des notes :
- on parcourt une première fois la liste n°1 pour y rechercher la note la plus faible ;
- on copie cette note dans la liste n°2 et on la supprime dans la liste n°1 ;
- on recommence ensuite le procédé avec les notes qui restent dans la liste n°1.
Comme la liste n°1 est vidée de toute ses notes, il sera prudent de créer une troisième liste pour conserver la trace de l'ordre dans lequel on aura entré les notes à trier.

Remarque : au lieu de **méthodes de classement** , les informaticiens parlent de **méthodes de tri**.

3. Solutions des exercices

Leçon 02 : programmes et variables

E01.

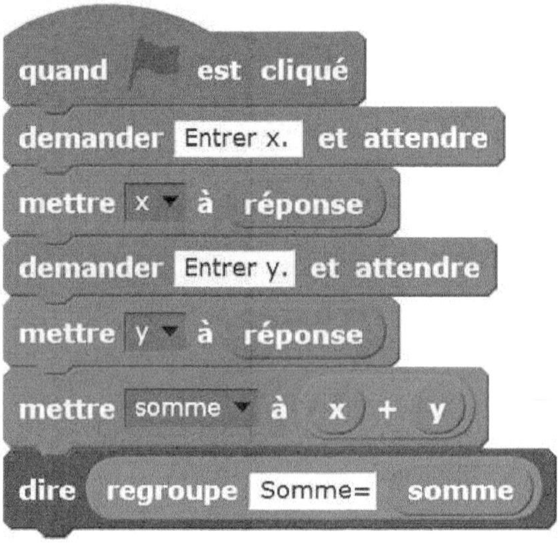

On peut entrer un nombre négatif. Pour cela, il faut taper le signe – puis la valeur absolue du nombre.

E02. Pour x= 10 000 000 000 on obtient x^2=100 000 000 000 000 000 000 mais, pour x= 100 000 000 000 on obtient x^2=1e22 ce qui signifie 10^{22}. Scratch utilise donc l'écriture scientifique des nombres.

E03.

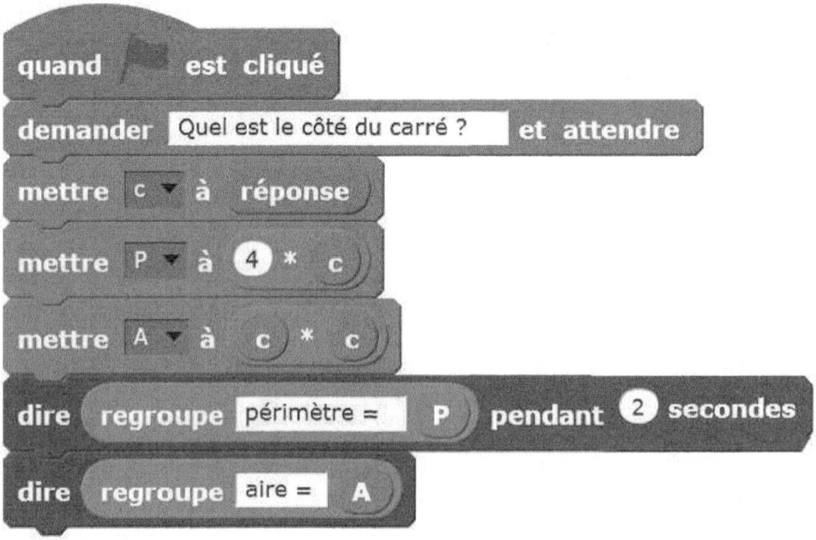

E04.

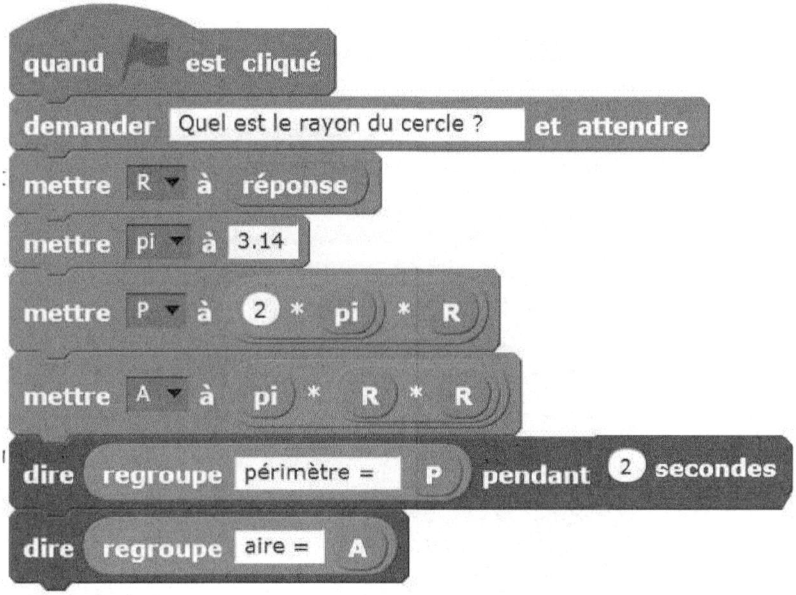

E05. Pour réaliser l'échange des valeurs des variables *a* et *b* , on a besoin d'une 3ème variable *e*.

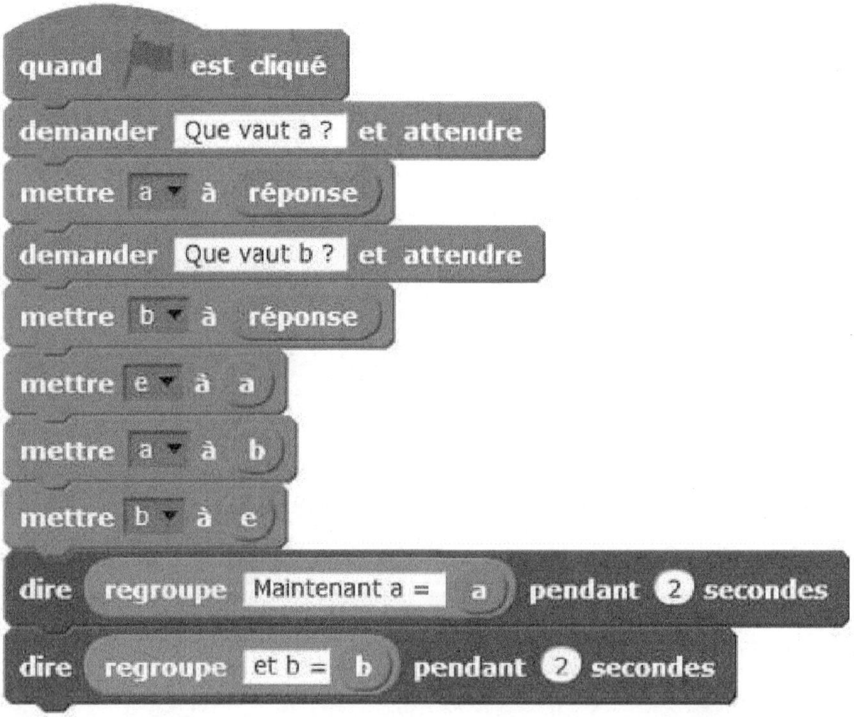

E06. Il faut 4 variables *x, y, z* et *e* pour procéder aux échanges demandés.

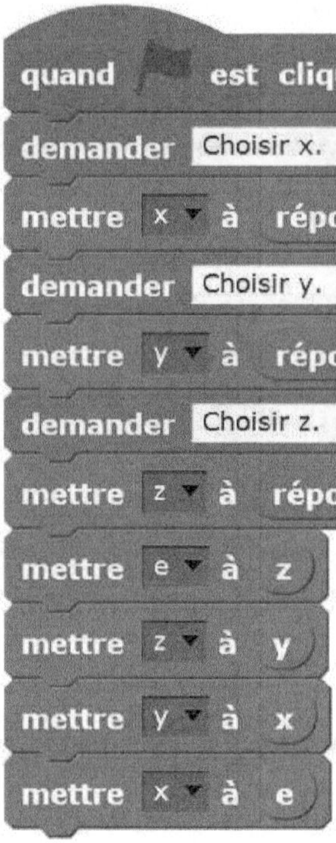

Si on a coché les variables *x, y* et *z*, on verra les nouvelles valeurs de ces variables s'afficher dans les cases rectangulaires de la fenêtre de gauche.

Leçon 03 : opérations et fonctions

E01. Scratch affiche 2 décimales seulement. Par exemple 7/3 donne 2.33

E02. Scratch annonce 24 pour le premier calcul et 74 pour le second. Selon nos règles de priorité, ce deuxième résultat est inexact.
Scratch a effectué $7+(9\times8)-(4+1)$.

E03. Avec x=12,56 par exemple, on obtient plafond (x)=13 et plancher(x)=12.

E04.

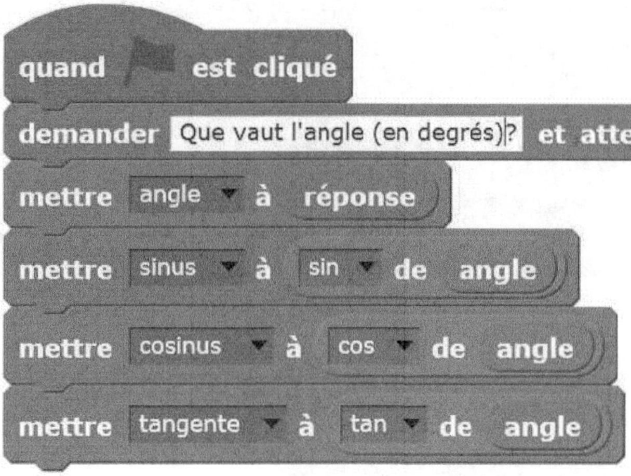

E05. Le programme échange les valeurs de x et de y.

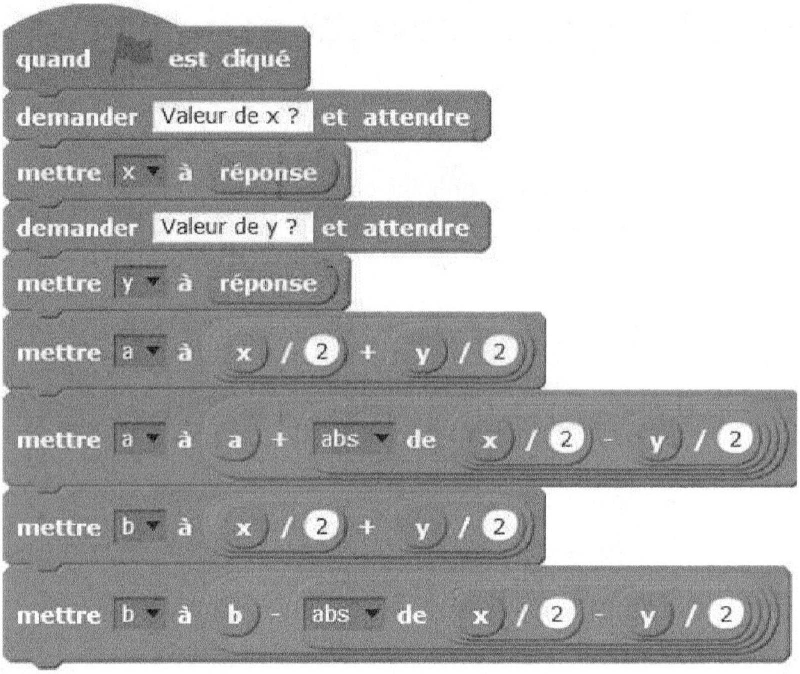
quand est cliqué
demander Valeur de x ? et attendre
mettre x à réponse
demander Valeur de y ? et attendre
mettre y à réponse
mettre a à x / 2 + y / 2
mettre a à a + abs de x / 2 - y / 2
mettre b à x / 2 + y / 2
mettre b à b - abs de x / 2 - y / 2

E06.

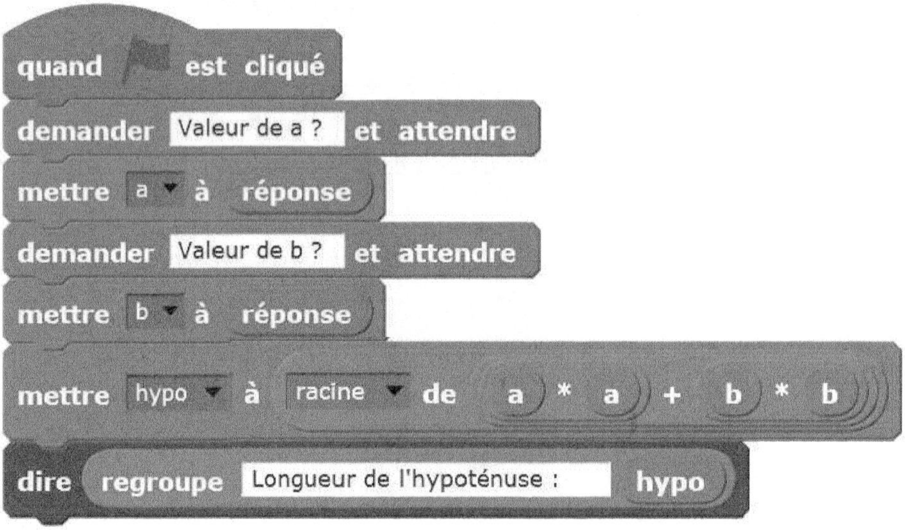
quand est cliqué
demander Valeur de a ? et attendre
mettre a à réponse
demander Valeur de b ? et attendre
mettre b à réponse
mettre hypo à racine de a * a + b * b
dire regroupe Longueur de l'hypoténuse : hypo

E07.

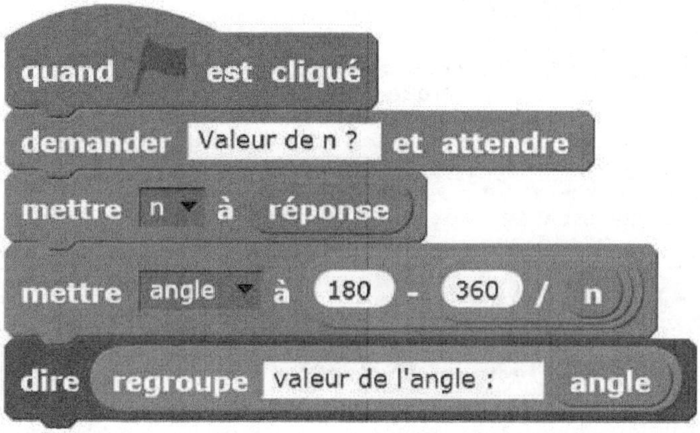

E08.

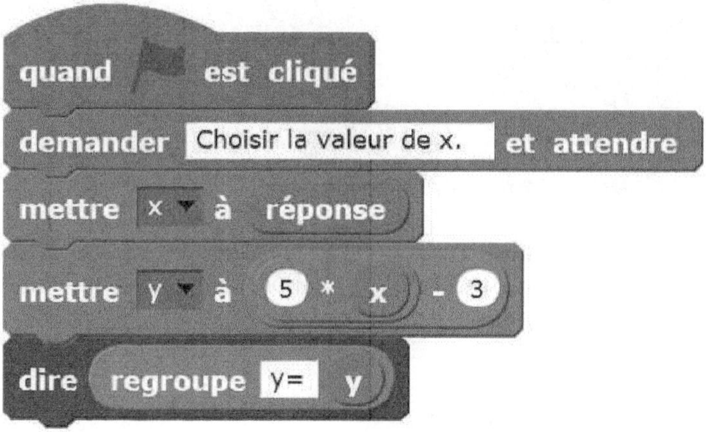

E09. Pour un prix marqué de 56 euros, le prix final est 52,14 euros.

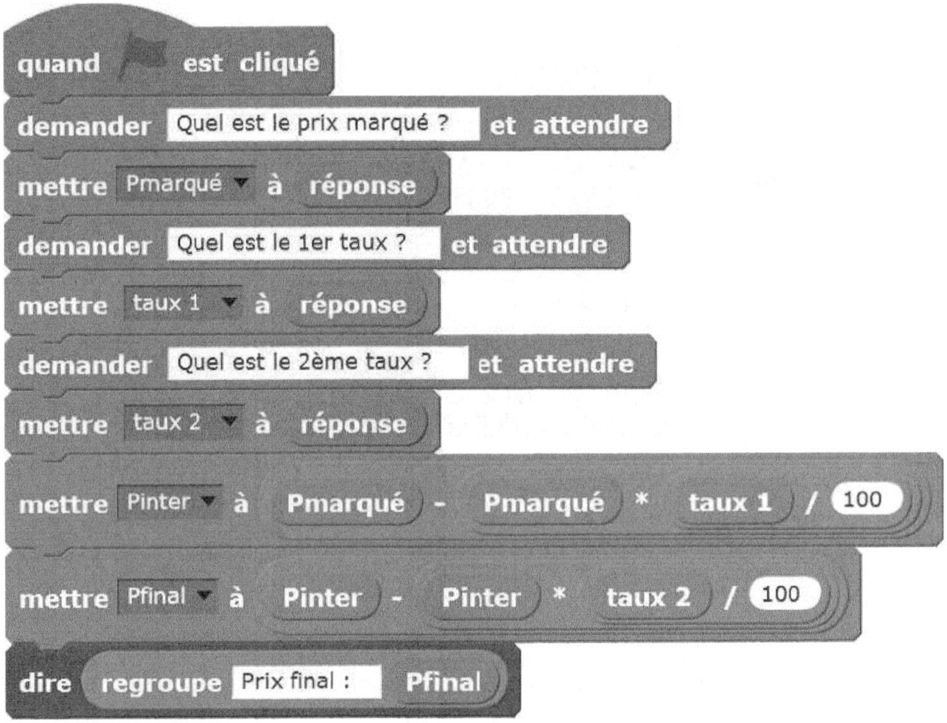

Pour calculer le taux global de réduction, on peut ajouter un deuxième programme dans la même fenêtre sans le lier au premier. Pour lancer ce deuxième programme, il faut simplement appuyer sur la barre d'espace.

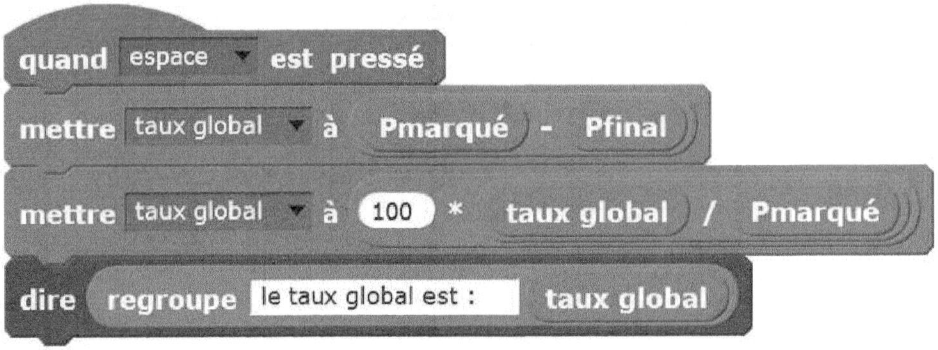

Si le premier programme est lancé avant le second, les valeurs données aux variables seront utilisées par le deuxième programme. Il y a passage des valeurs d'un programme à l'autre !

E10. Les deux programmes de conversion sont placés dans la fenêtre d'écriture des programmes de Scratch. Le premier démarre avec un clic sur le drapeau vert.

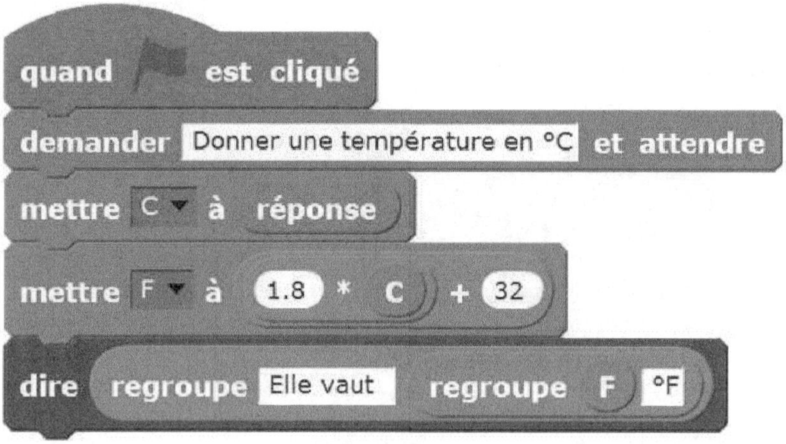

Le deuxième démarre avec un appui sur la barre d'espace.

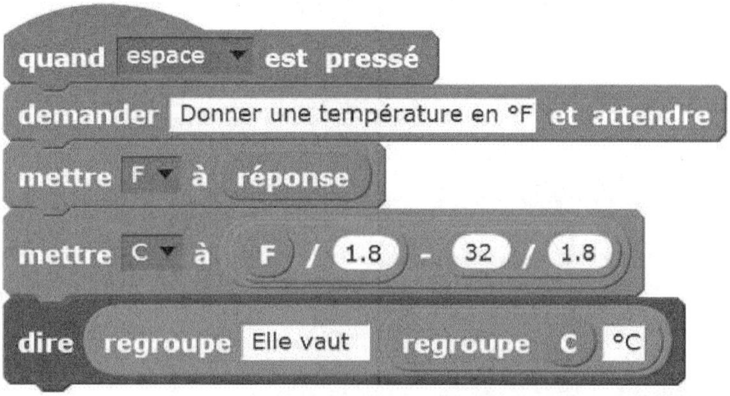

On observe qu'une température de -40°C correspond à -40°F.

Leçon 04 : les instructions conditionnelles

E01. Les variables *a, b* et *c* représentent les nombres à comparer. La variable *max* représente le plus grand des trois. Au début du programme, on pose *max=a* puis on compare le nombre max à chacun des deux nombres *b* et *c*, au fur et à mesure des entrées.

E02. Il suffit de remplacer la variable *max* par la variable *min* et le signe < par le signe > dans le programme de l'exercice E01.

E03. On doit fusionner les programmes des exercices E01 et E02 en utilisant les deux variables *max* et *min*.
On utilisera alors quatre instructions conditionnelles **si … alors …** au lieu de deux dans chacun des deux programmes précédents. Les deux premières utiliseront la variable *max* et l'opérateur < tandis que les deux autres utiliseront la variable *min* et l'opérateur >.

E04. Dans ce programme, *a* est une variable auxiliaire qui sert au calcul de l'IMC.

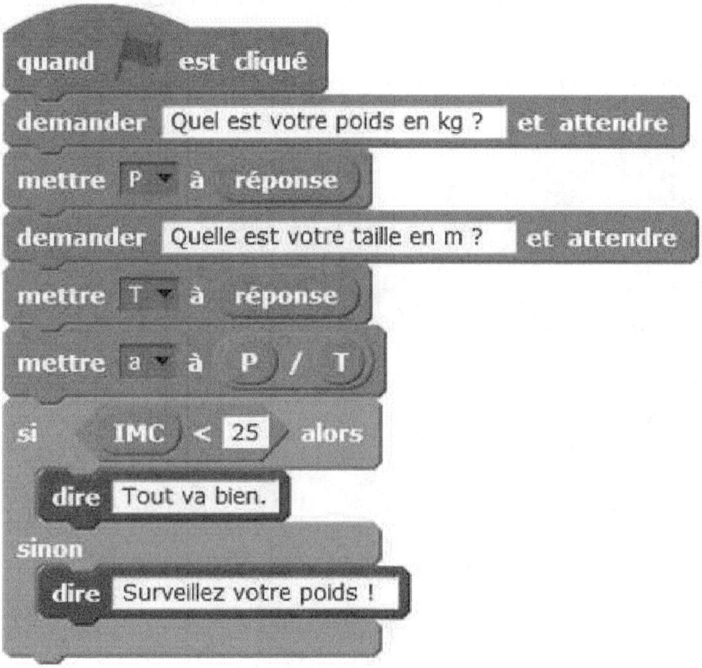

E05. On obtient $n = \dfrac{360}{180-\alpha}$ ce qui signifie que 360 doit être divisible par $180-\alpha$.

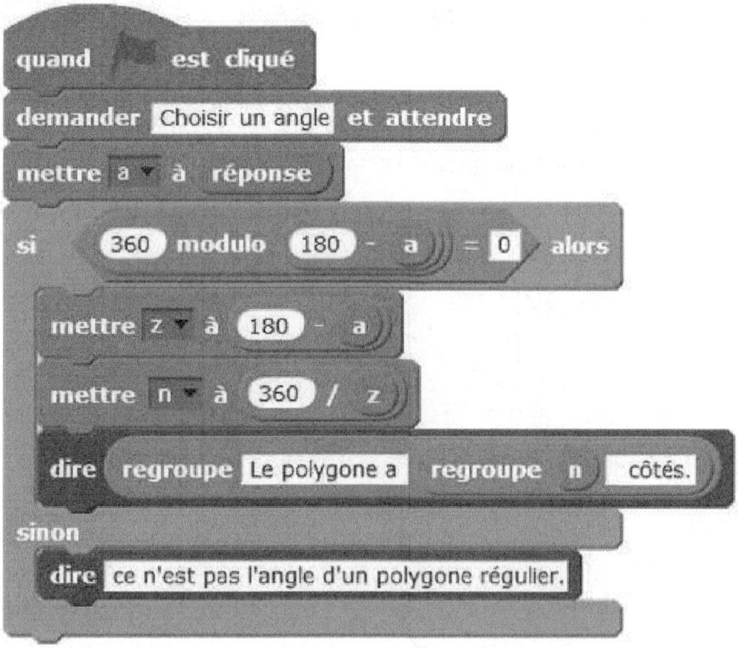

E06. Soit f la fonction affine qui renvoie le nombre $y = 2x - 1$ pour $x > \frac{1}{2}$ mais renvoie le nombre $y = 1 - 2x$ pour $x \leq \frac{1}{2}$.

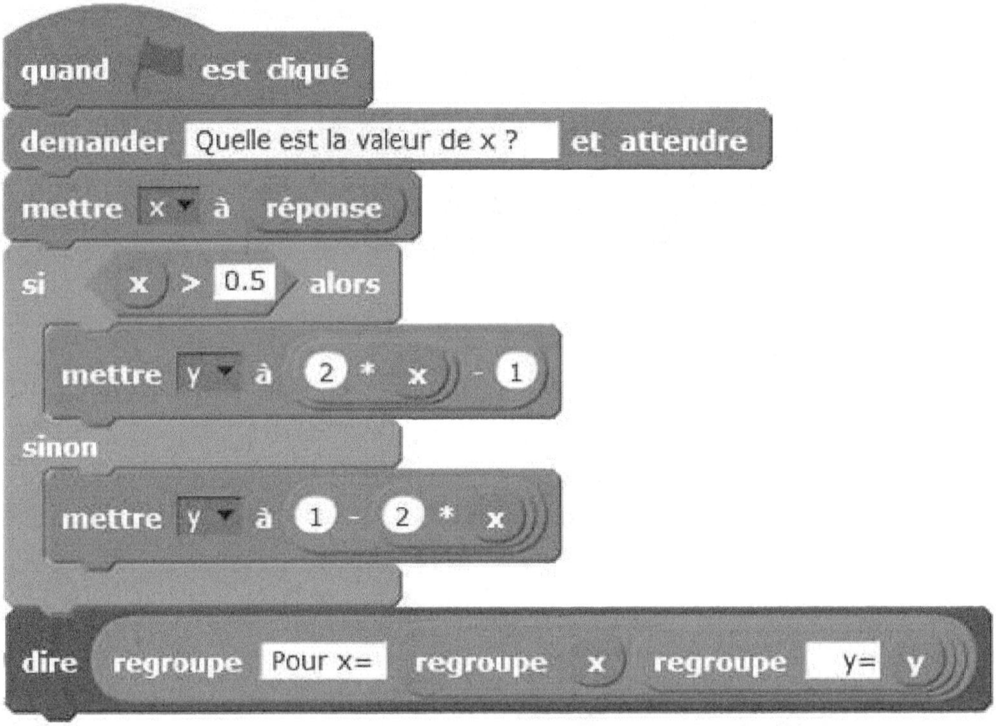

E07. Soient *x*, *y* et *z* trois nombres quelconques. Trois cas sont à prévoir car le triangle dont les côtés ont pour longueurs *x*, *y* et *z* est rectangle si et seulement si on a $x^2+y^2=z^2$ ou bien $z^2+y^2=x^2$ ou bien $x^2+z^2=y^2$.

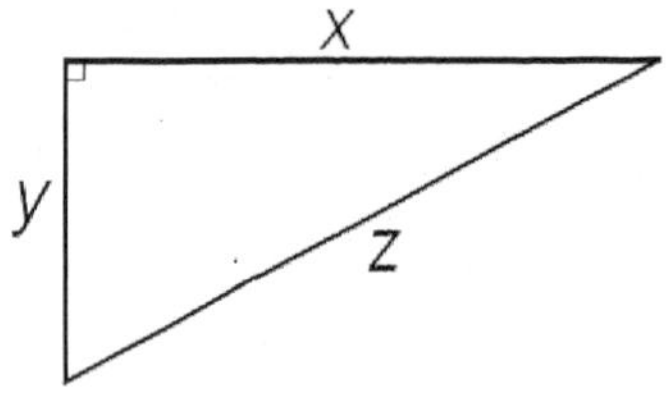

Dans le programme, on échange éventuellement les valeurs de *x* et de *z* ou celles de *y* et de *z* pour que *z* désigne toujours la plus grande des trois longueurs.

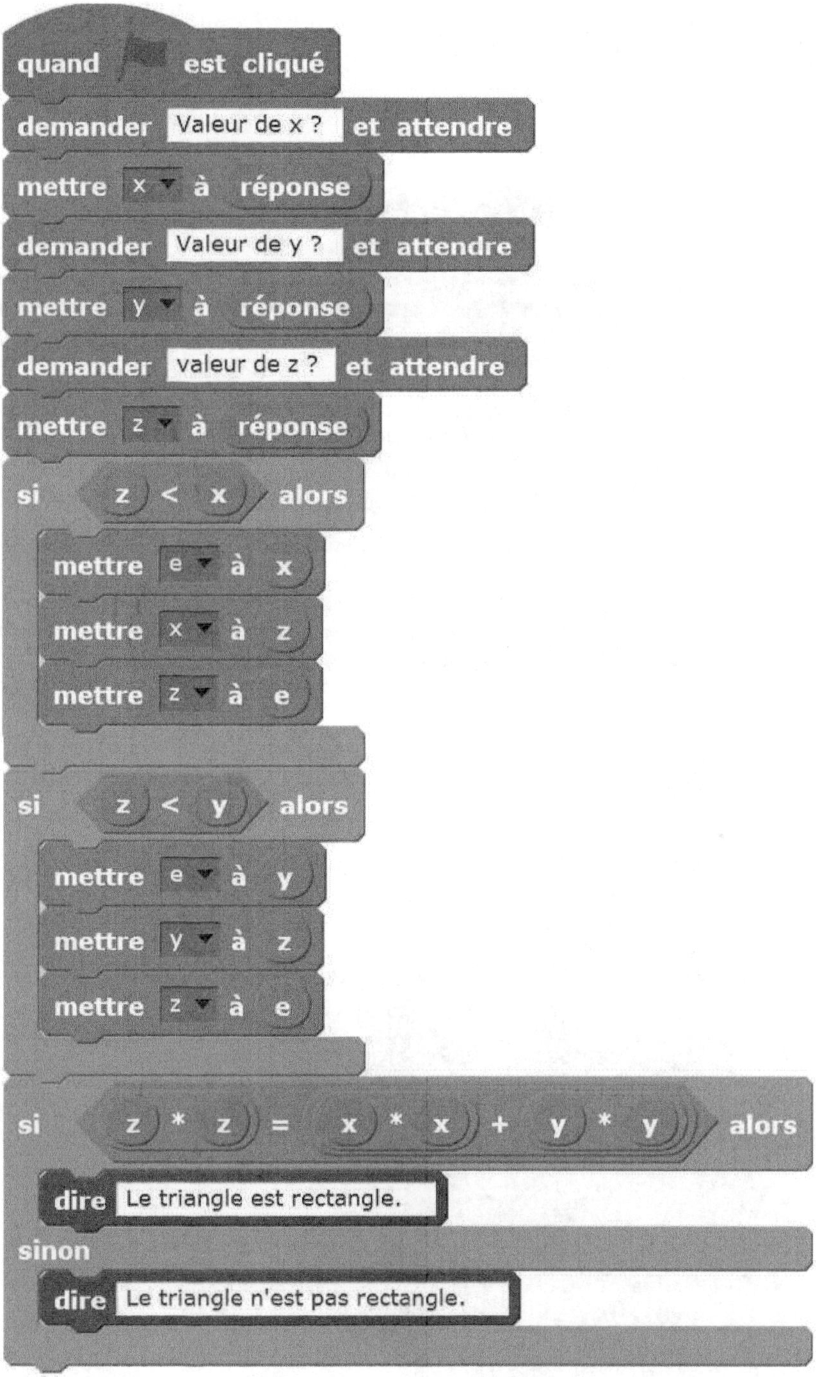
quand est cliqué
demander Valeur de x ? et attendre
mettre x à réponse
demander Valeur de y ? et attendre
mettre y à réponse
demander valeur de z ? et attendre
mettre z à réponse
si z < x alors
mettre e à x
mettre x à z
mettre z à e
si z < y alors
mettre e à y
mettre y à z
mettre z à e
si z * z = x * x + y * y alors
dire Le triangle est rectangle.
sinon
dire Le triangle n'est pas rectangle.

Leçon 05 : les boucles

E01.

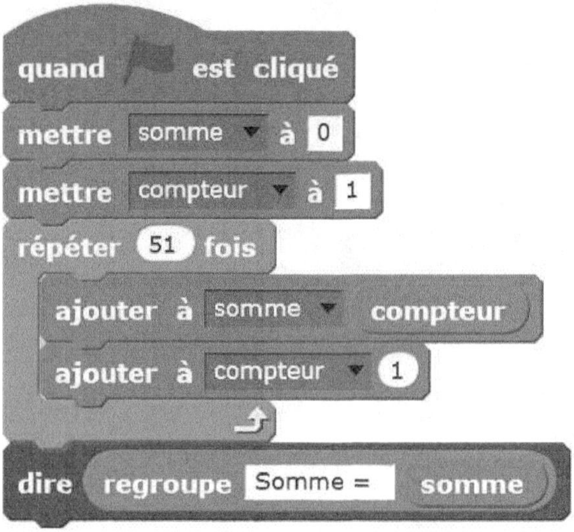

E02.

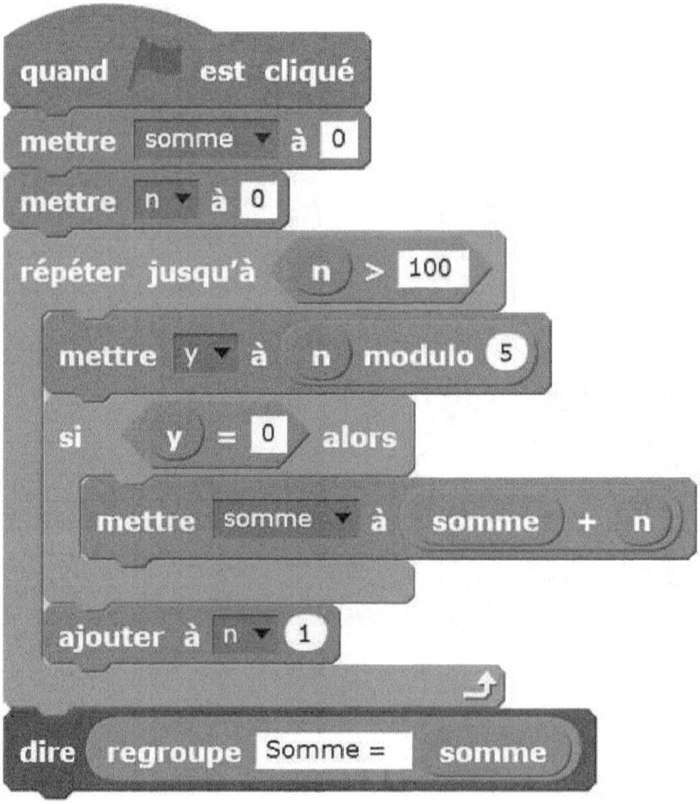

E03.

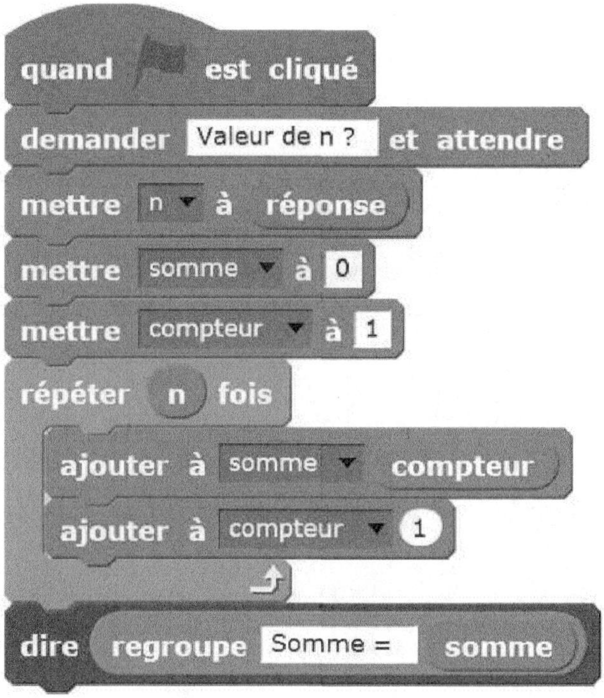
quand est cliqué
demander Valeur de n ? et attendre
mettre n à réponse
mettre somme à 0
mettre compteur à 1
répéter n fois
ajouter à somme compteur
ajouter à compteur 1
dire regroupe Somme = somme

E04.

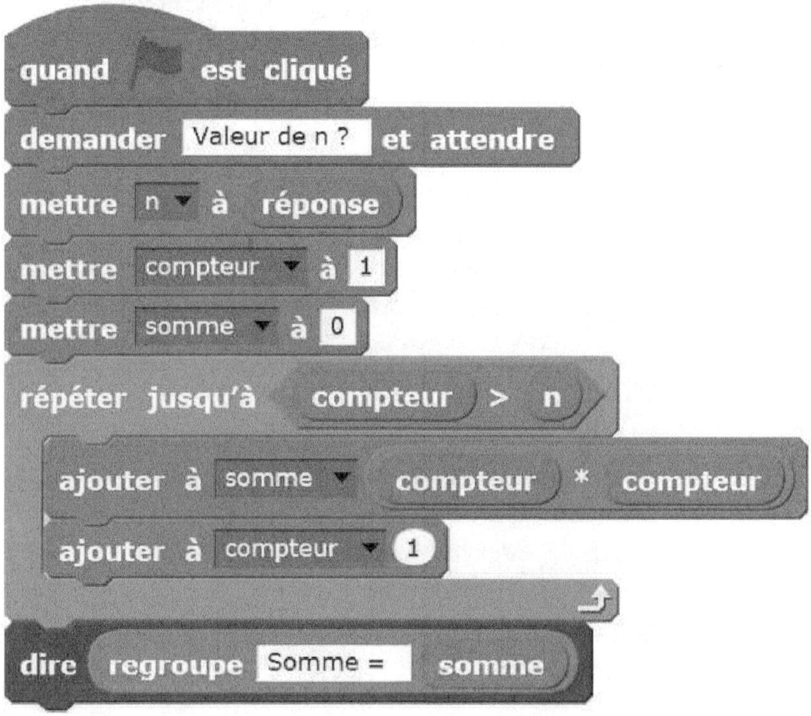
quand est cliqué
demander Valeur de n ? et attendre
mettre n à réponse
mettre compteur à 1
mettre somme à 0
répéter jusqu'à compteur > n
ajouter à somme compteur * compteur
ajouter à compteur 1
dire regroupe Somme = somme

E05. Dans la ligne 7 du programme précédent, on remplace *compteur* $\times$ *compteur* par *compteur* $\times$ *compteur* $\times$ *compteur*.

E06.

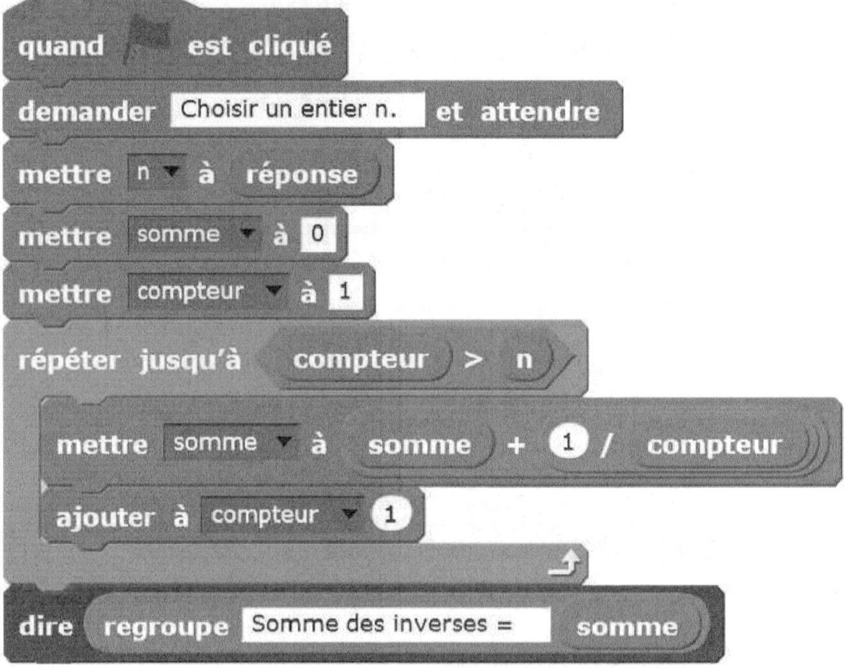

E07.

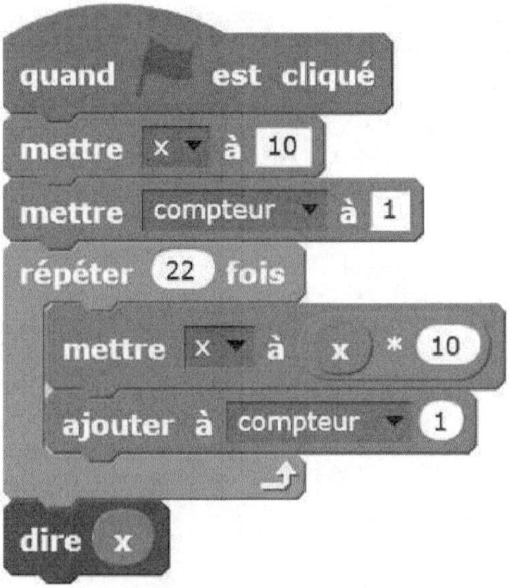

Le calcul est exact pour n<=21 mais est seulement approché pour n>=22. Dans ce dernier cas, le résultat est donné en écriture scientifique.

E08.

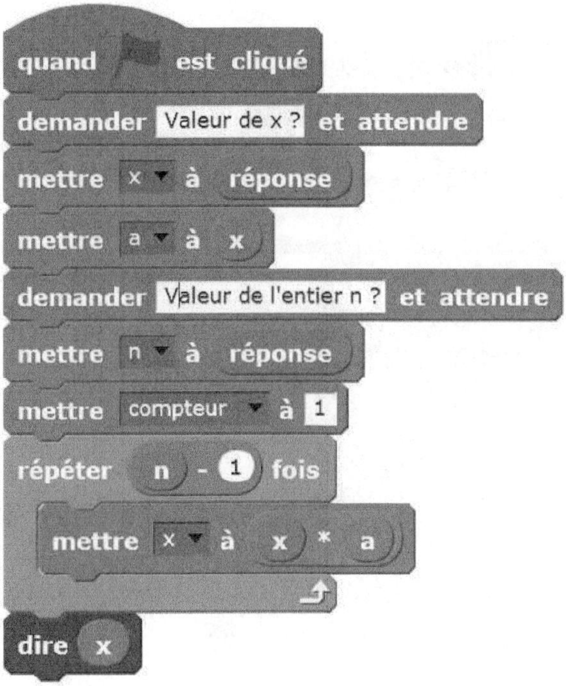

E09.

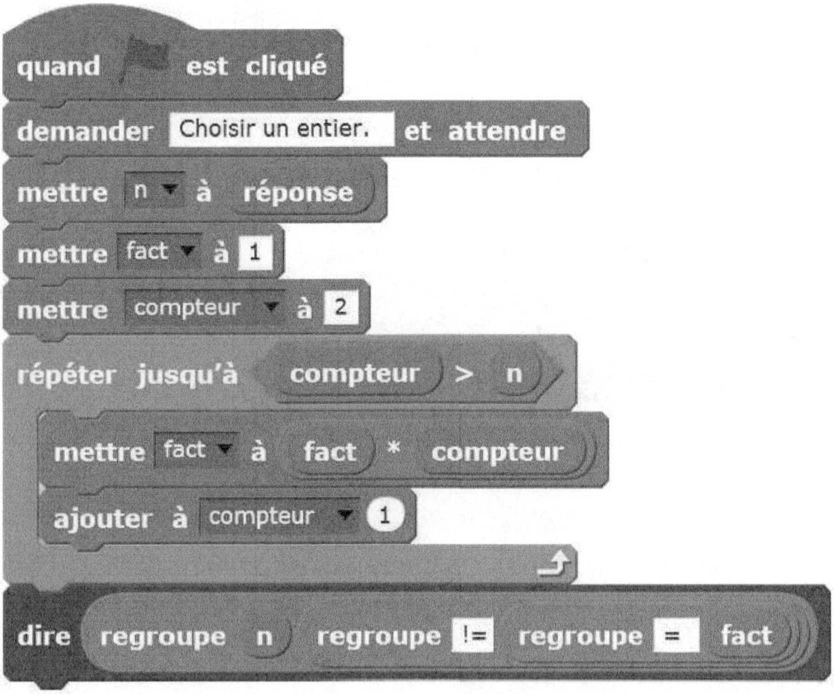

La plus grande valeur de n pour laquelle le nombre $n!$ est calculé de manière exacte est 21. Pour $n > 21$, le calcul n'est qu'approché.

E10. Le 40ᵉ nombre de Fibonacci est 102 155 334.

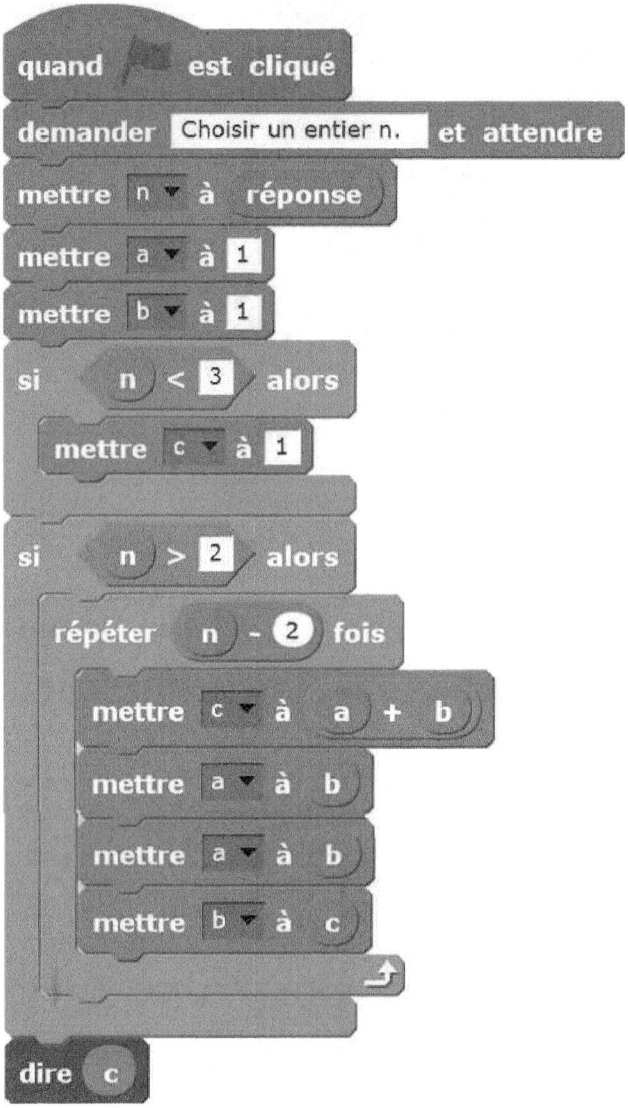

E11.

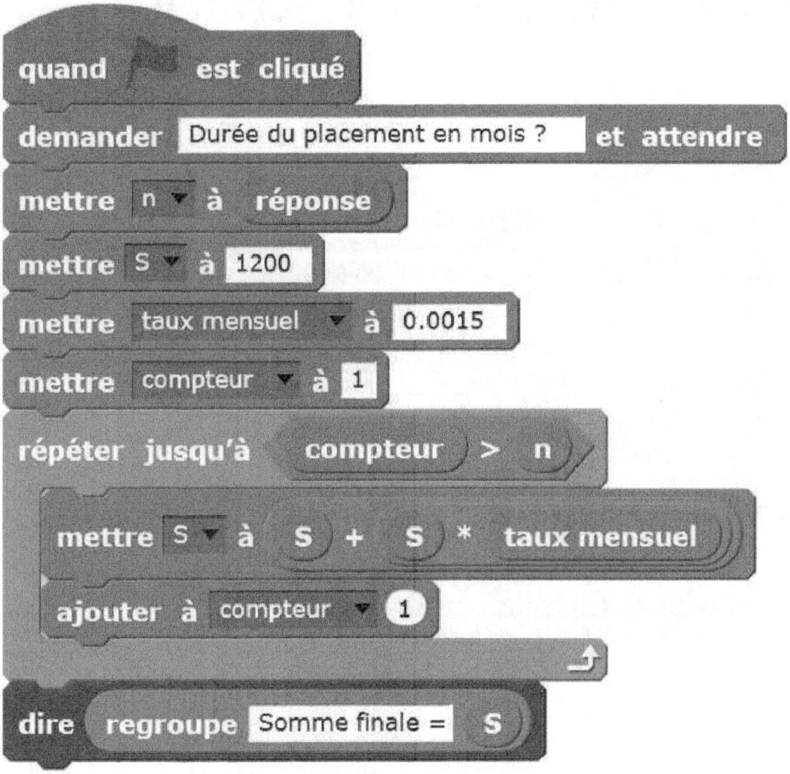
quand est cliqué
demander Durée du placement en mois ? et attendre
mettre n à réponse
mettre S à 1200
mettre taux mensuel à 0.0015
mettre compteur à 1
répéter jusqu'à compteur > n
mettre S à S + S * taux mensuel
ajouter à compteur 1
dire regroupe Somme finale = S

E12.

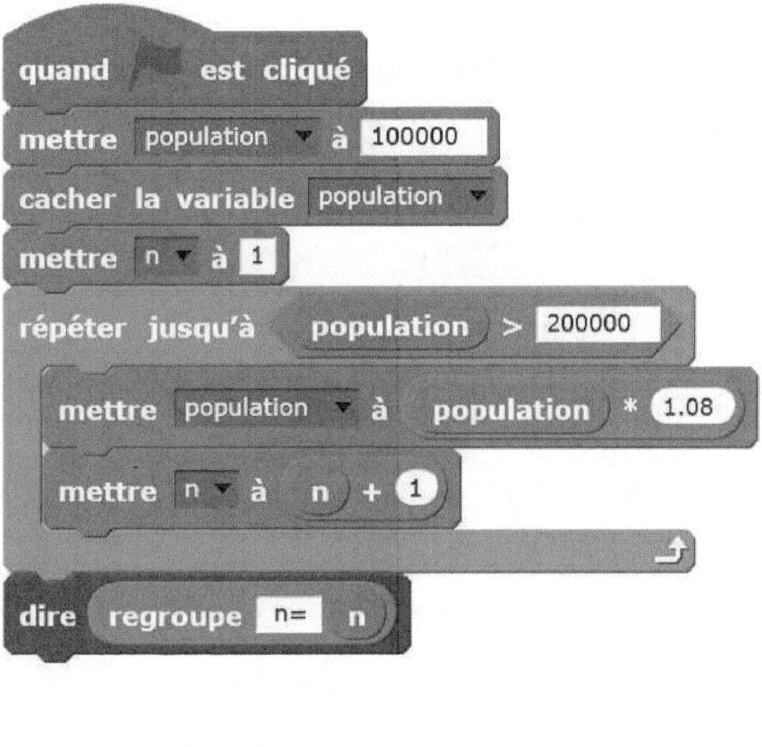
quand est cliqué
mettre population à 100000
cacher la variable population
mettre n à 1
répéter jusqu'à population > 200000
mettre population à population * 1.08
mettre n à n + 1
dire regroupe n= n

Leçon 06 : dessiner avec Scratch

E01.

En prenant un angle de 40°, on obtient ce polygone convexe qui a 6 côtés de même longueur mais des angles qui ne sont pas tous égaux.

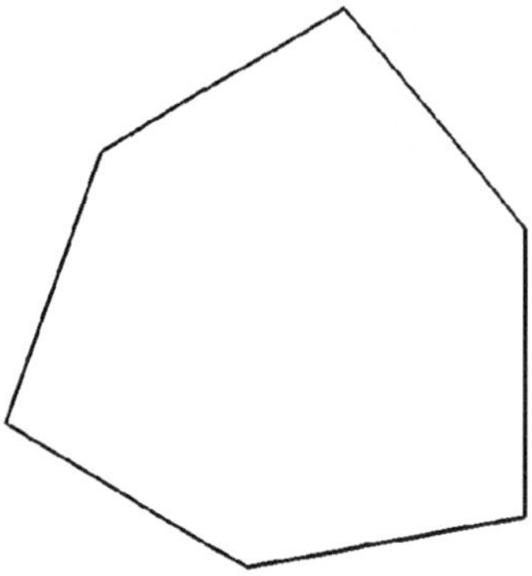

E02.

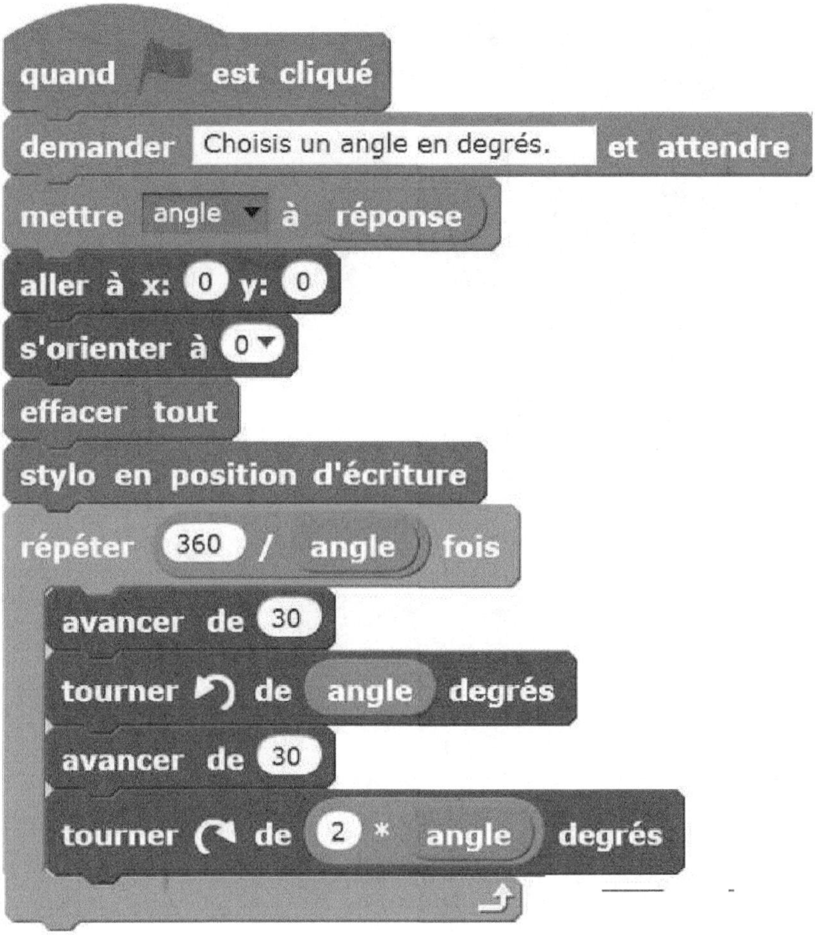

Avec des angles de 40° et de 60°, on obtient ces deux polygones en forme d'étoiles. L'un a 9 branches, l'autre en a 6.

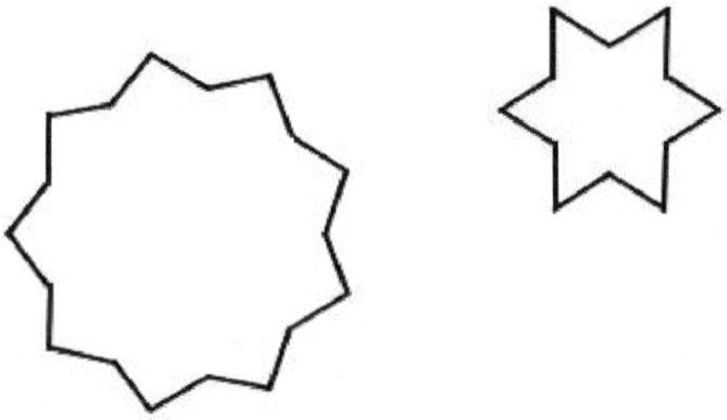

On obtient d'autres polygones encore en faisant avancer le curseur alternativement de 30 unités de longueur puis, par exemple de 60 unités de longueur.

E03.

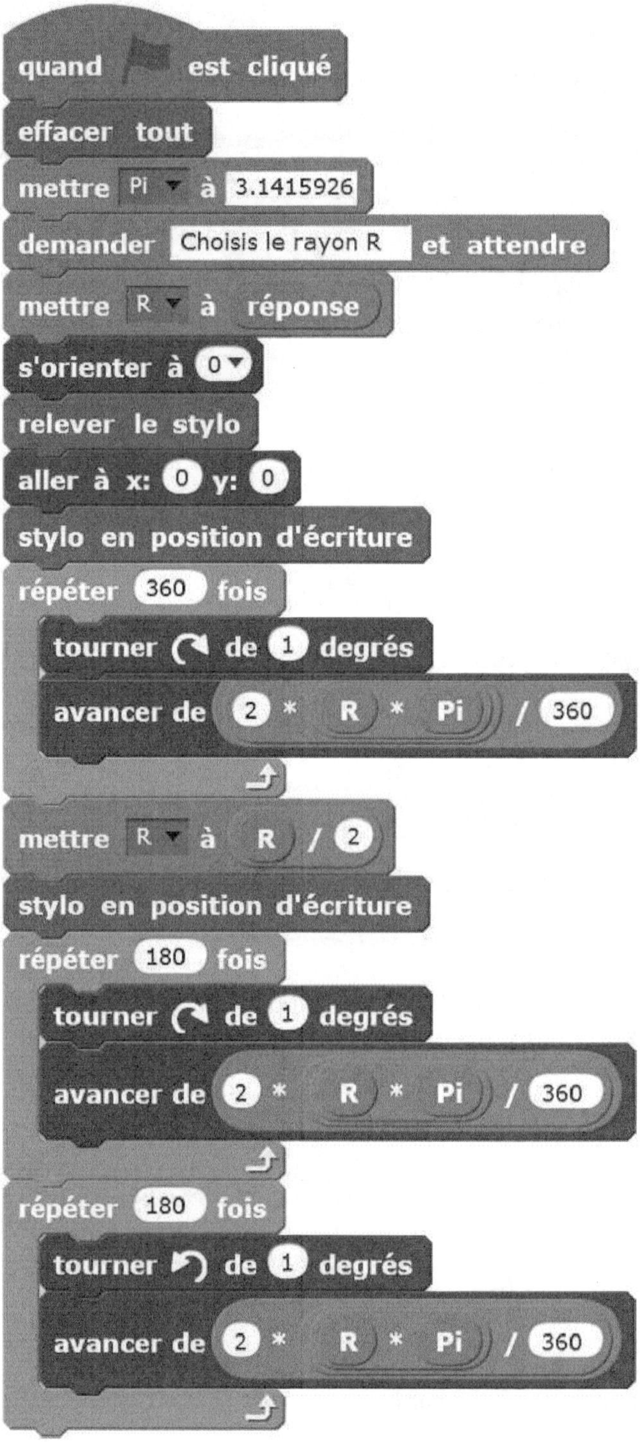
quand est cliqué
effacer tout
mettre Pi à 3.1415926
demander Choisis le rayon R et attendre
mettre R à réponse
s'orienter à 0
relever le stylo
aller à x: 0 y: 0
stylo en position d'écriture
répéter 360 fois
tourner de 1 degrés
avancer de 2 * R * Pi / 360
mettre R à R / 2
stylo en position d'écriture
répéter 180 fois
tourner de 1 degrés
avancer de 2 * R * Pi / 360
répéter 180 fois
tourner de 1 degrés
avancer de 2 * R * Pi / 360

E04. Le programme est composé de deux parties.

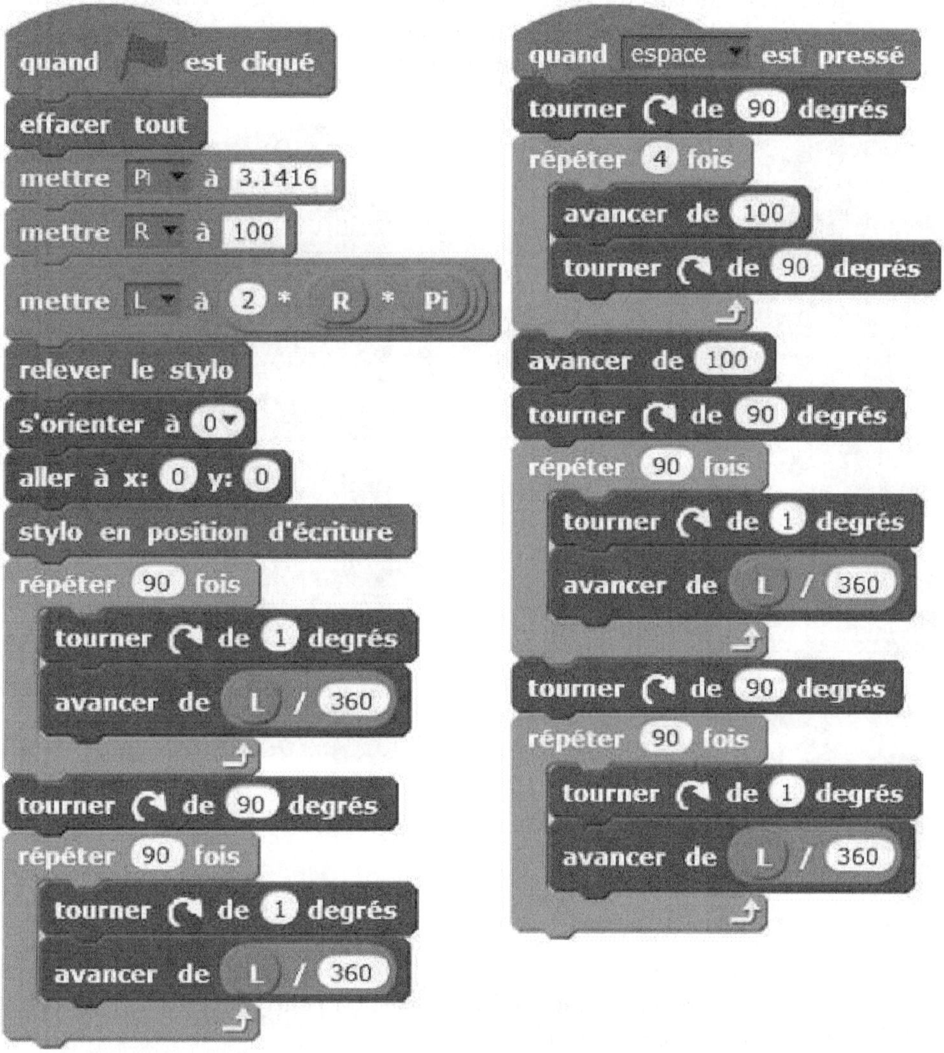

Les deux parties du programme doivent être placées dans la fenêtre des programmes de Scratch. La figure est donc dessinée en deux temps. La première partie est obtenue en cliquant sur le drapeau vert. Pour finir le dessin, il faut appuyer sur la barre d'espace.

E05. Comme le dessin n'est composé que de segments de droite, on peut les dessiner tous sans jamais repasser deux fois sur le même segment. Les seules choses qui importent alors sont les changements de direction. Le programme de dessin est encore une fois scindé en deux parties.

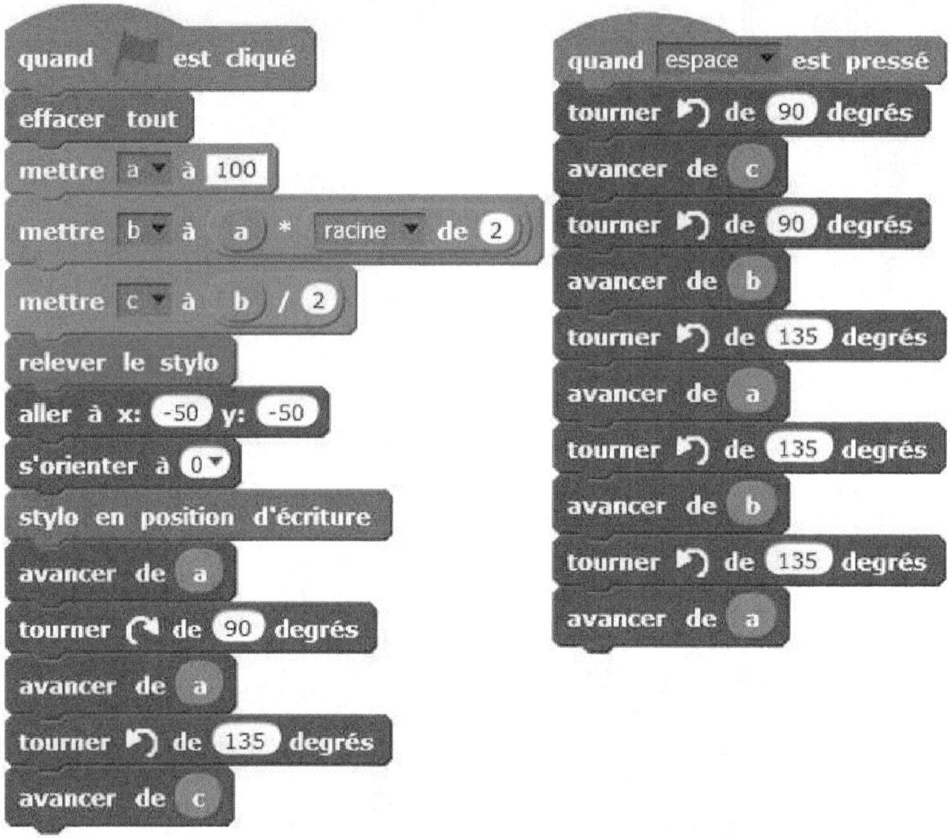

E06. Quand on examine une rosace à 6 branches, on peut y voir 12 arcs de cercle de 60° ou bien 6 arcs de cercle de 120°.
C'est cette seconde manière de voir qui a été choisie pour écrire le programme qui suit : le dessin y est composé de deux parties qui comprennent chacune 3 arcs de cercle de 120° chacun.

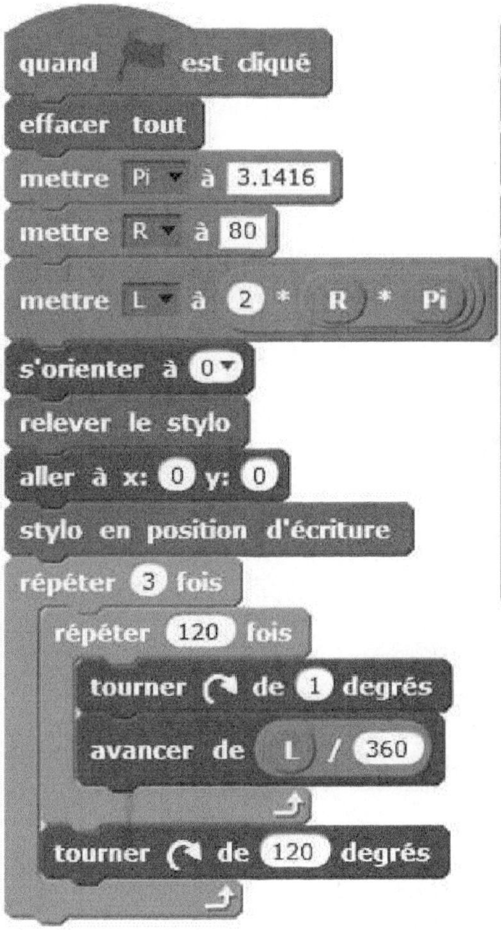

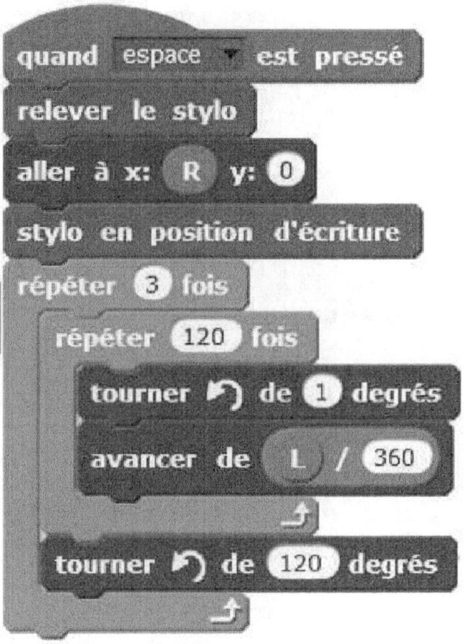

E07. La spirale de l'exercice est formée de quarts de cercle mais rien n'empêche de prendre des arcs de 45°, de 60°, de 80°, etc.

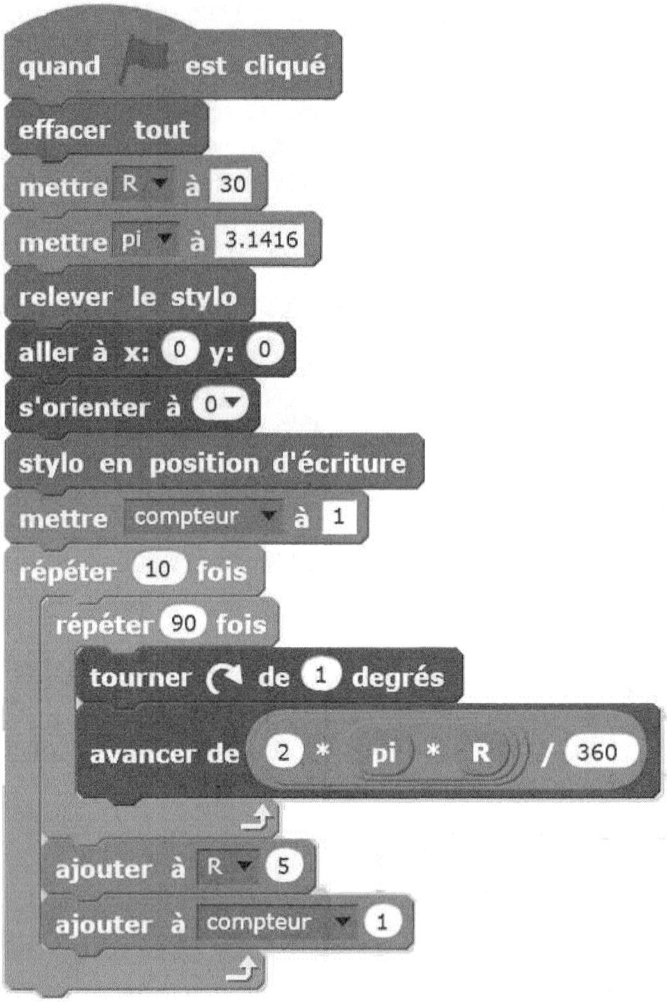

E08. Le cœur est formé de 2 demi-cercles et de 4 arcs de 60° chacun. Les centres de ces 4 arcs sont les sommets d'un triangle équilatéral. Cette propriété permet de calculer les changements de direction du curseur.

Comme il est assez long, le programme de dessin est présenté en deux parties.

Voici la première partie du programme :

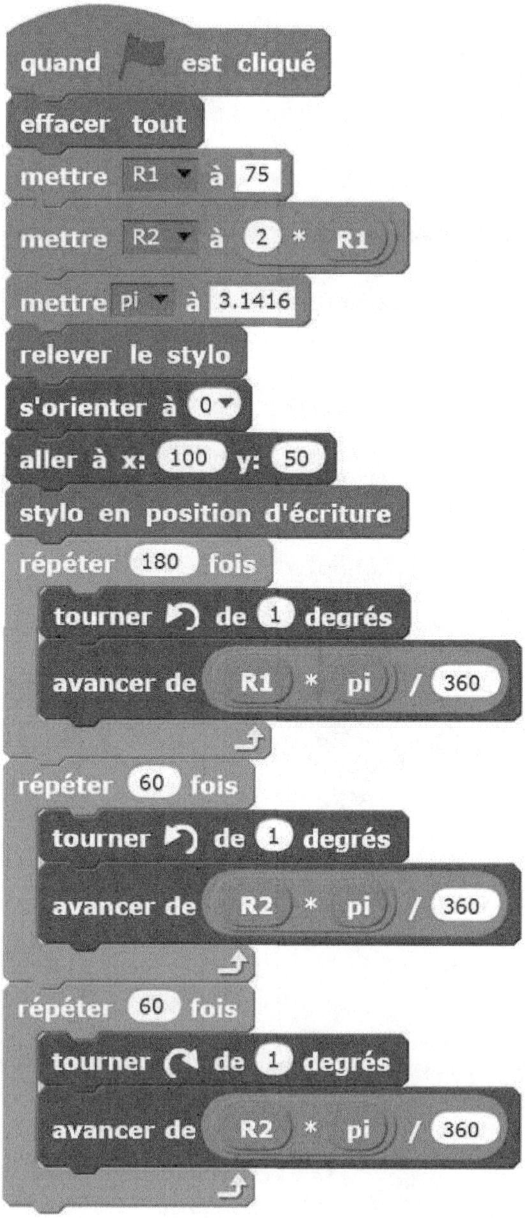

Et voici la deuxième :

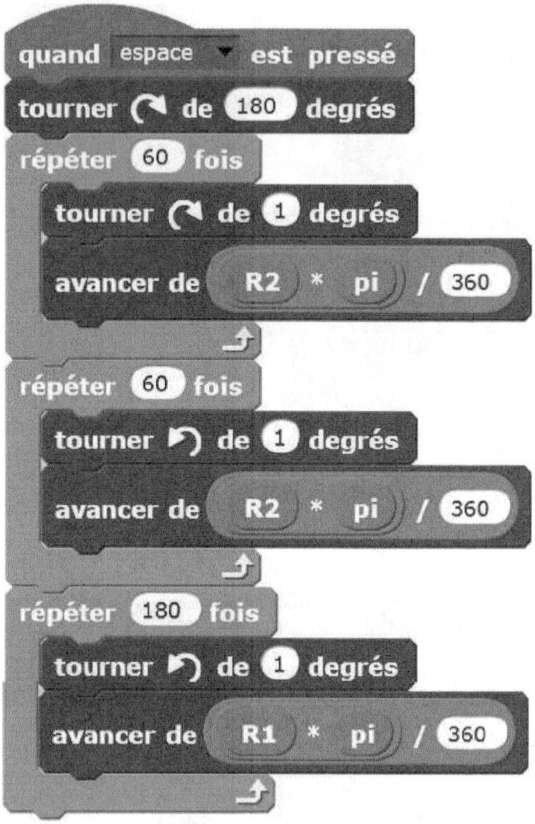

Leçon 07 : les listes

E01.

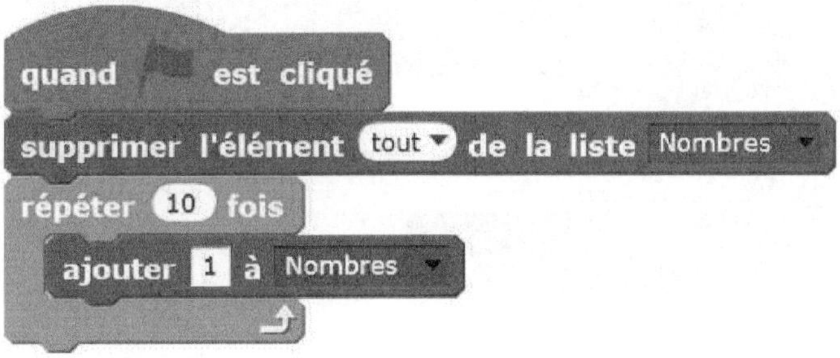

E02.

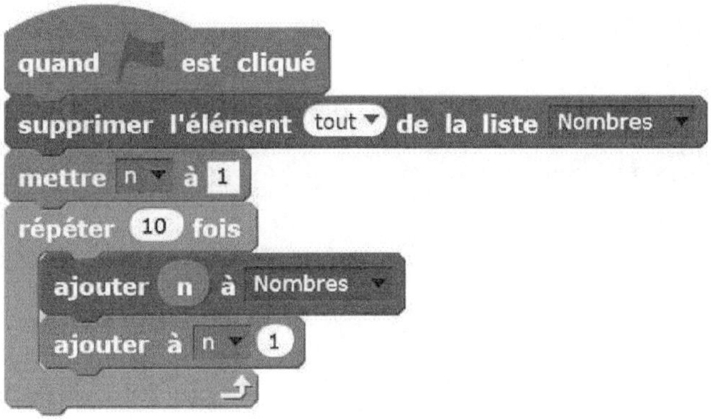

E03.

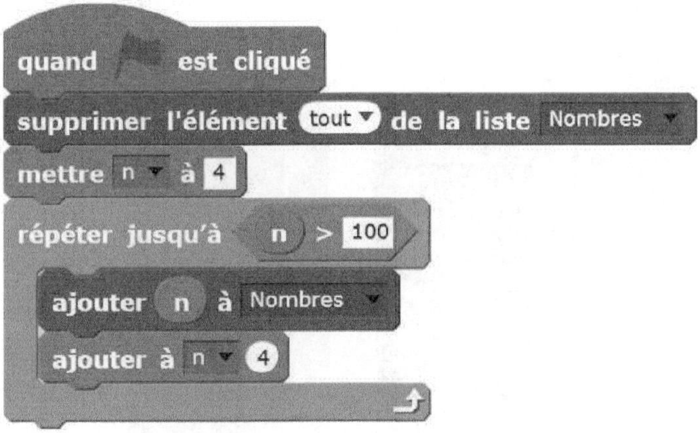

E04.

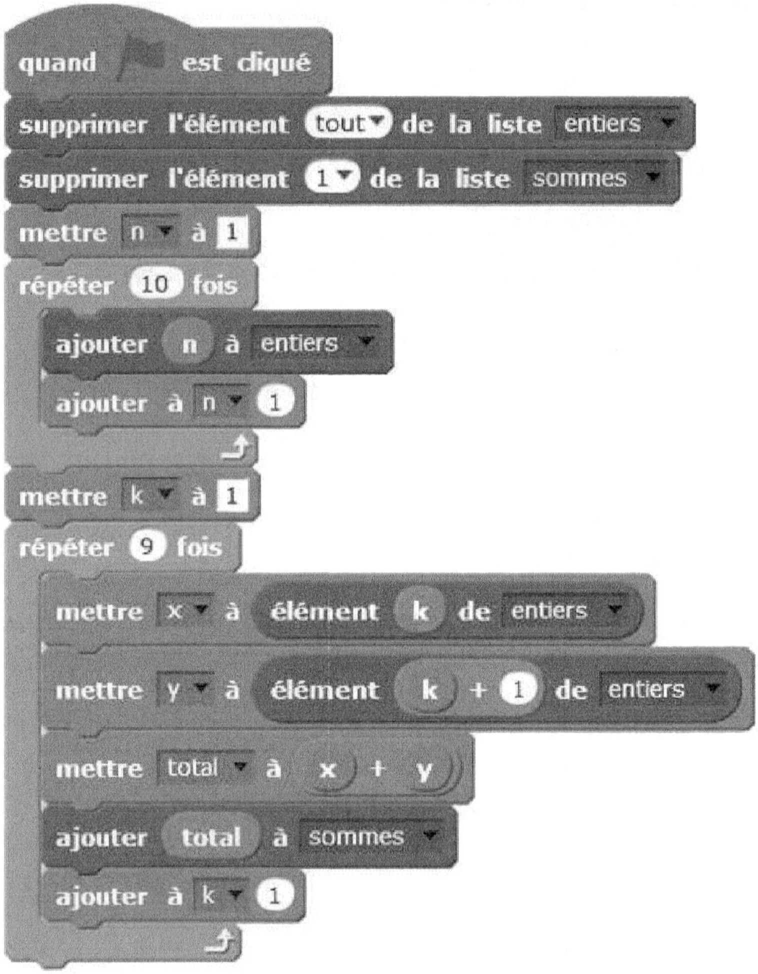

Voici les 2 listes :

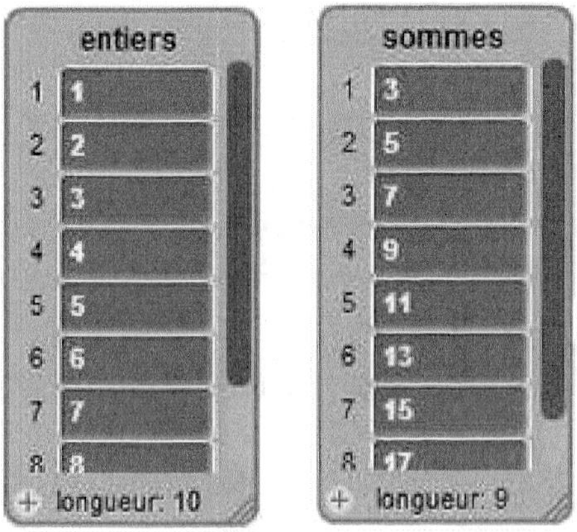

E05.

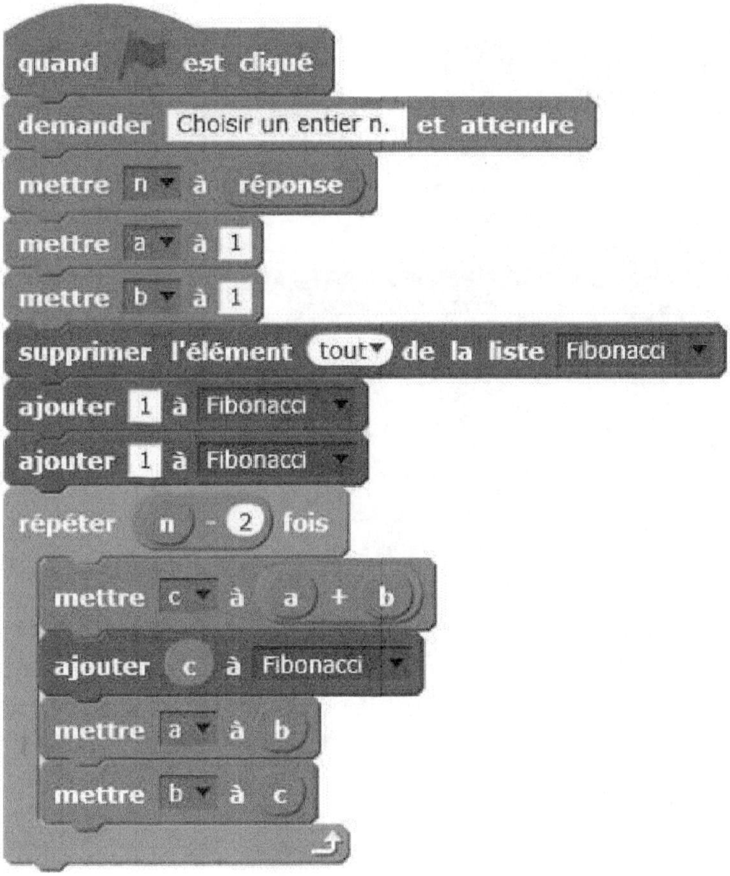

Voici le début de la suite :

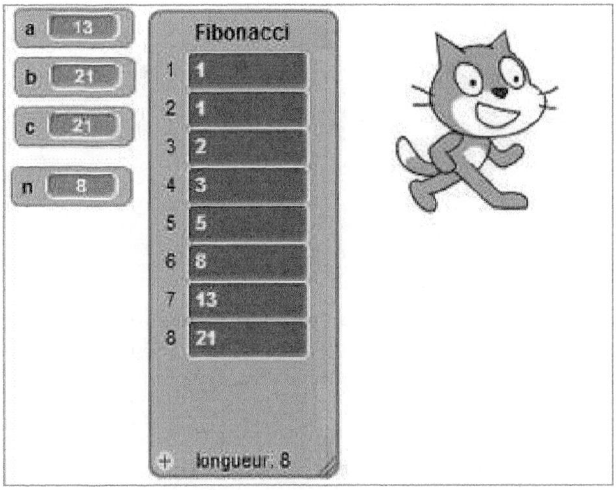

E06.

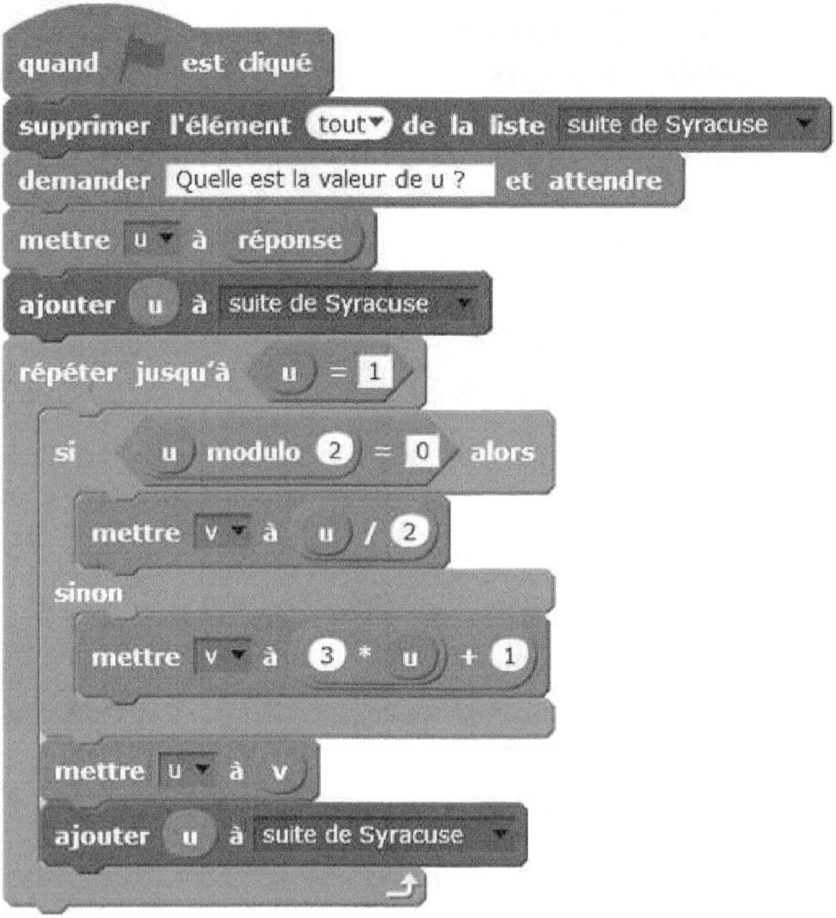

Voici un exemple d'une suite de Syracuse :

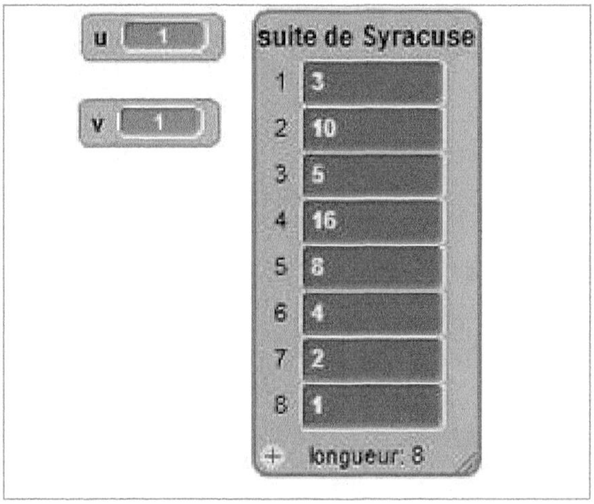

E07.

quand est cliqué
demander Choisir un entier de 4 chiffres. et attendre
mettre x à réponse
mettre u à x modulo 10
mettre y à x - u
mettre x à y / 10
mettre d à x modulo 10
mettre y à x - d
mettre x à y / 10
mettre c à x modulo 10
mettre y à x - c
mettre x à y / 10
mettre m à x modulo 10
mettre y à x - m
mettre x à y / 10

E08.

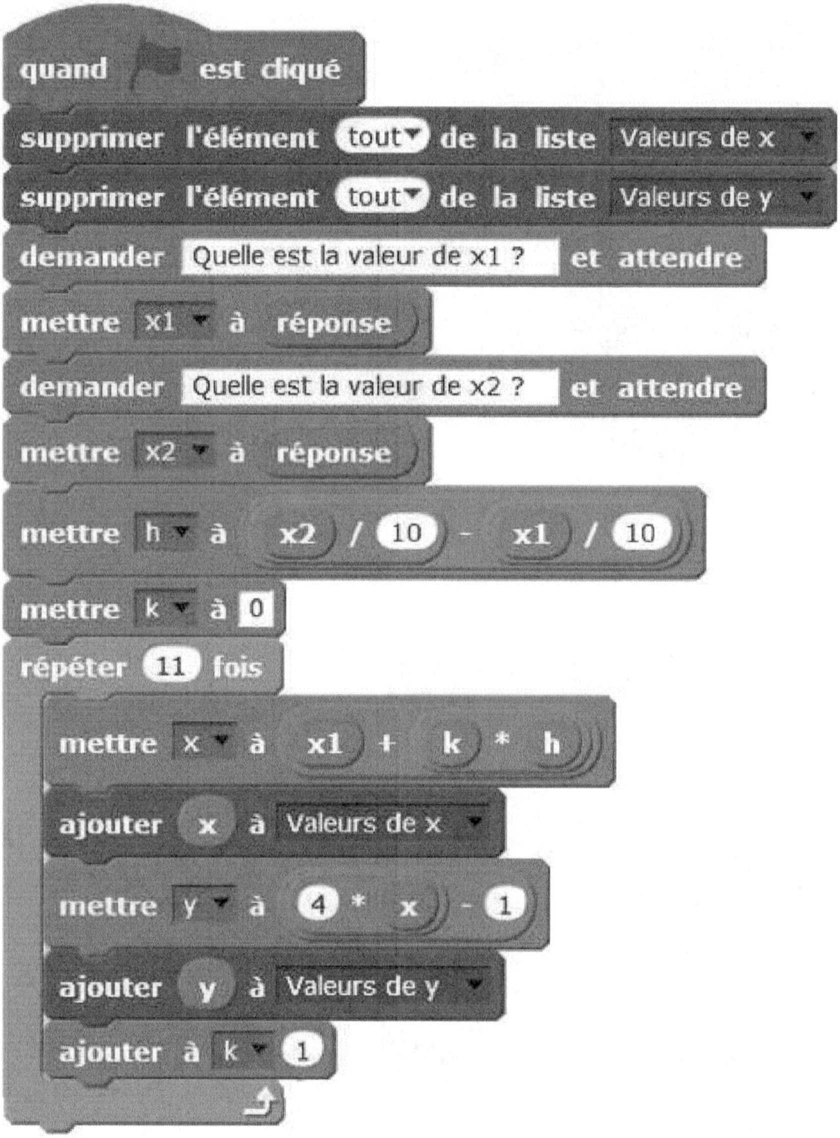
quand est cliqué
supprimer l'élément tout de la liste Valeurs de x
supprimer l'élément tout de la liste Valeurs de y
demander Quelle est la valeur de x1 ? et attendre
mettre x1 à réponse
demander Quelle est la valeur de x2 ? et attendre
mettre x2 à réponse
mettre h à x2 / 10 - x1 / 10
mettre k à 0
répéter 11 fois
mettre x à x1 + k * h
ajouter x à Valeurs de x
mettre y à 4 * x - 1
ajouter y à Valeurs de y
ajouter à k 1

Leçon 08 : les chaînes de caractères

E01.

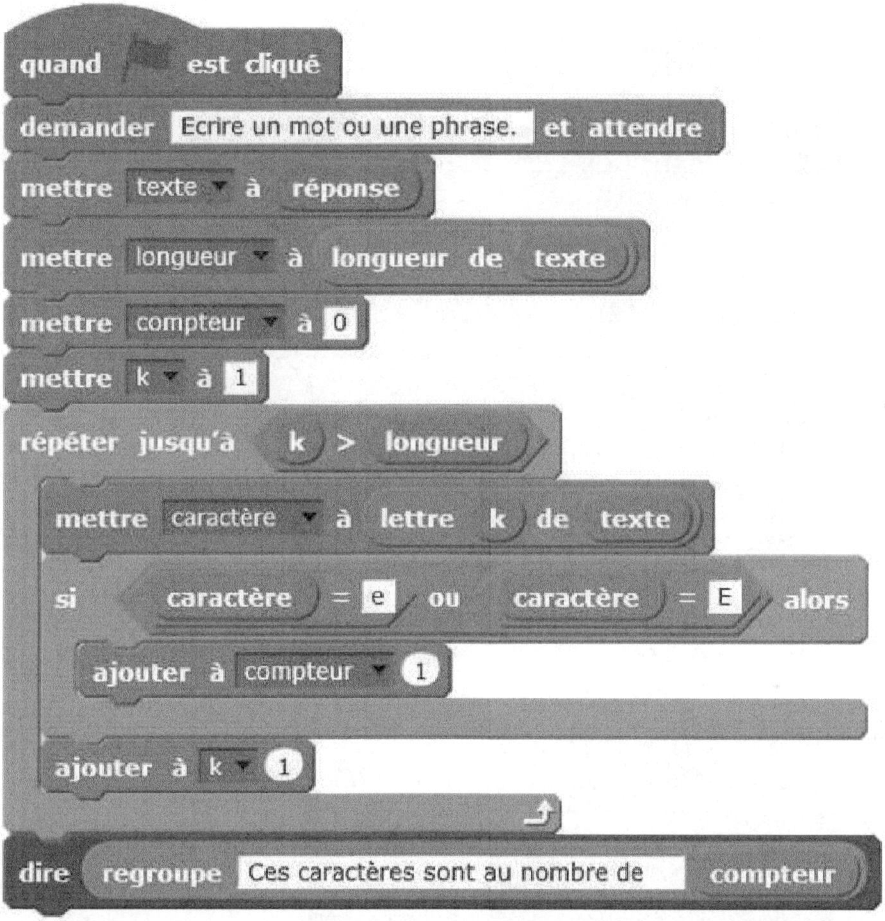

E02.

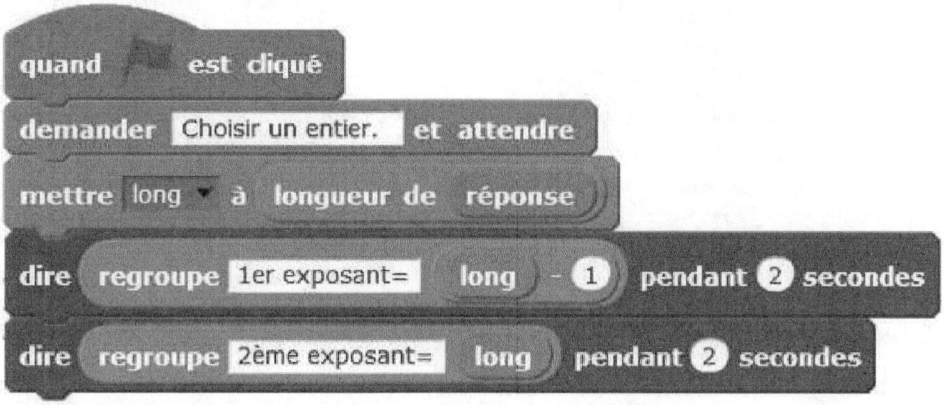

E03.

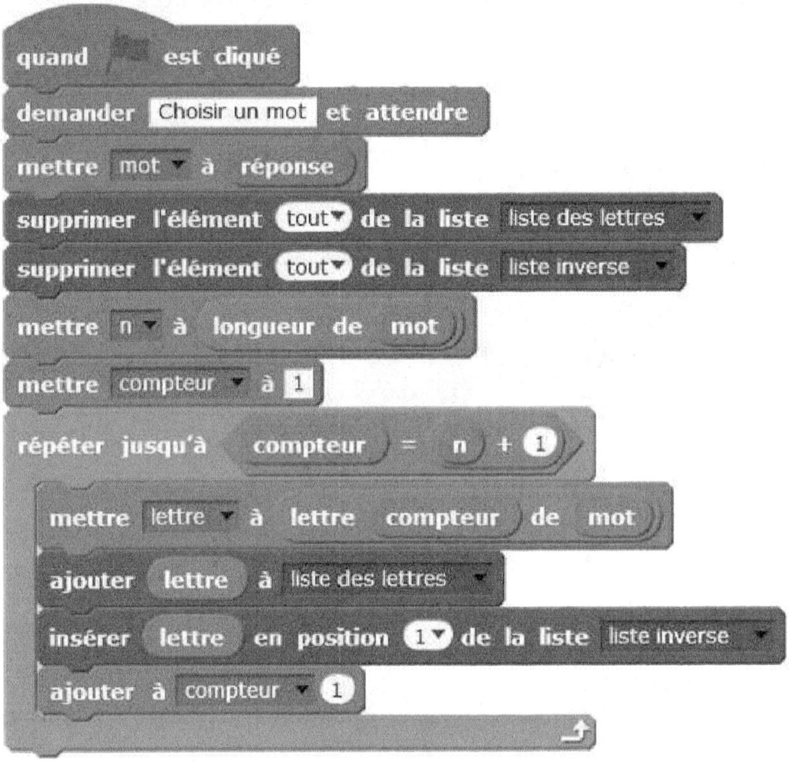
quand est cliqué
demander Choisir un mot et attendre
mettre mot à réponse
supprimer l'élément tout de la liste liste des lettres
supprimer l'élément tout de la liste liste inverse
mettre n à longueur de mot
mettre compteur à 1
répéter jusqu'à compteur = n + 1
mettre lettre à lettre compteur de mot
ajouter lettre à liste des lettres
insérer lettre en position 1 de la liste liste inverse
ajouter à compteur 1

E04.

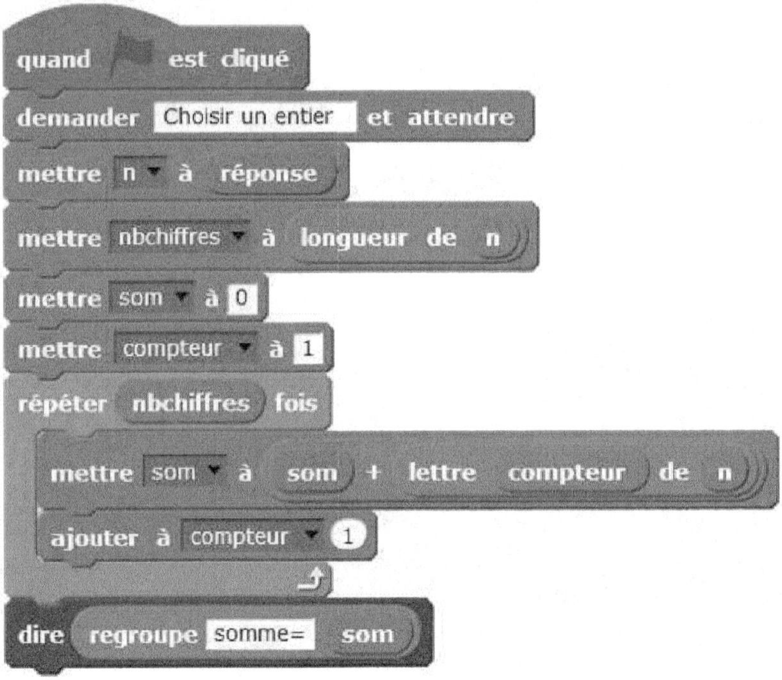
quand est cliqué
demander Choisir un entier et attendre
mettre n à réponse
mettre nbchiffres à longueur de n
mettre som à 0
mettre compteur à 1
répéter nbchiffres fois
mettre som à som + lettre compteur de n
ajouter à compteur 1
dire regroupe somme= som

E05.

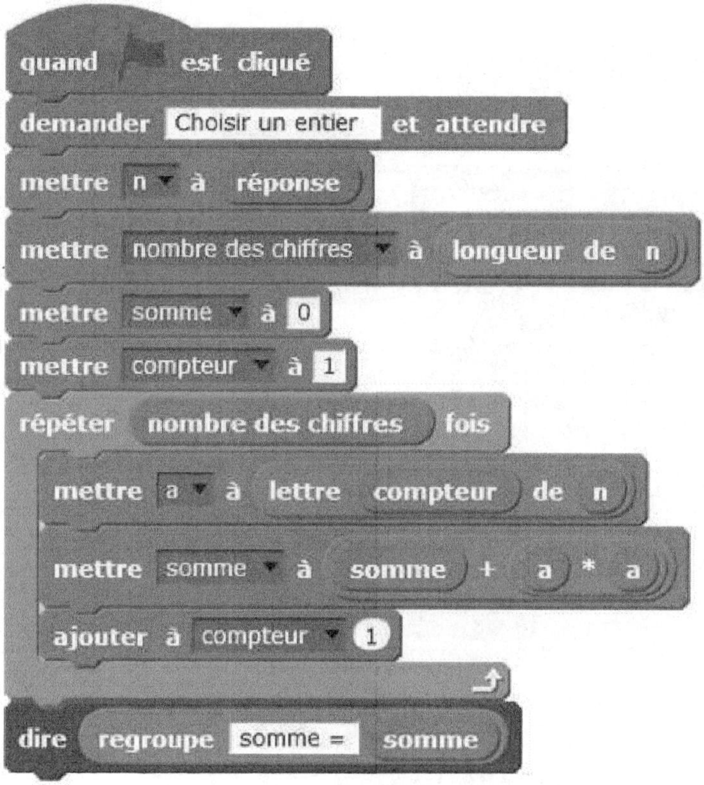

Un exemple :

E06.

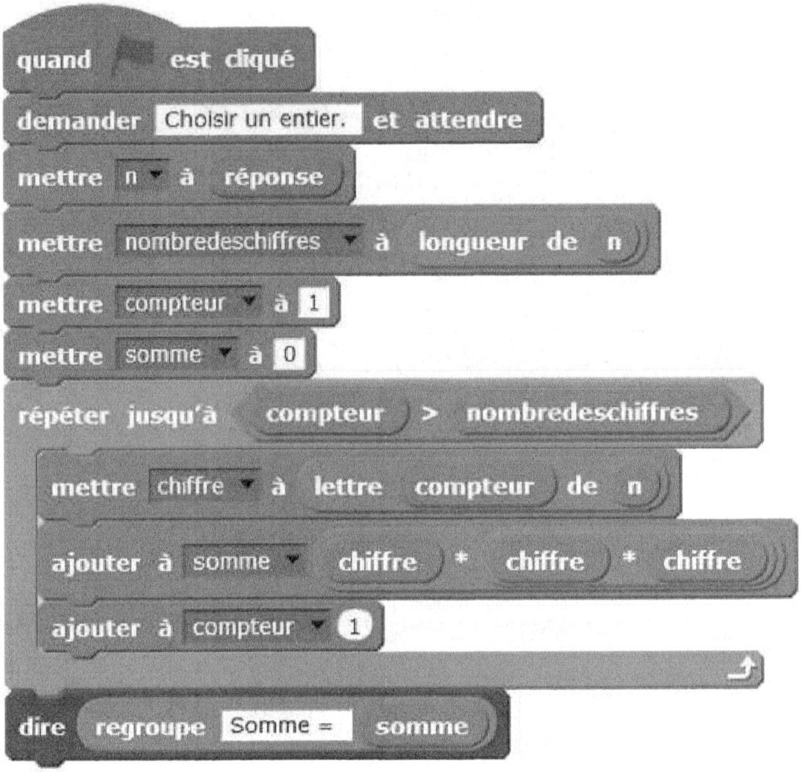

E07. Le nombre 1 doit être écarté car il n'a qu'un seul chiffre.
Il y a seulement 4 nombres d'Amstrong plus petits que 1000 : ce sont les nombres 153, 370, 371 et 407. Le programme qui les calcule est le suivant :

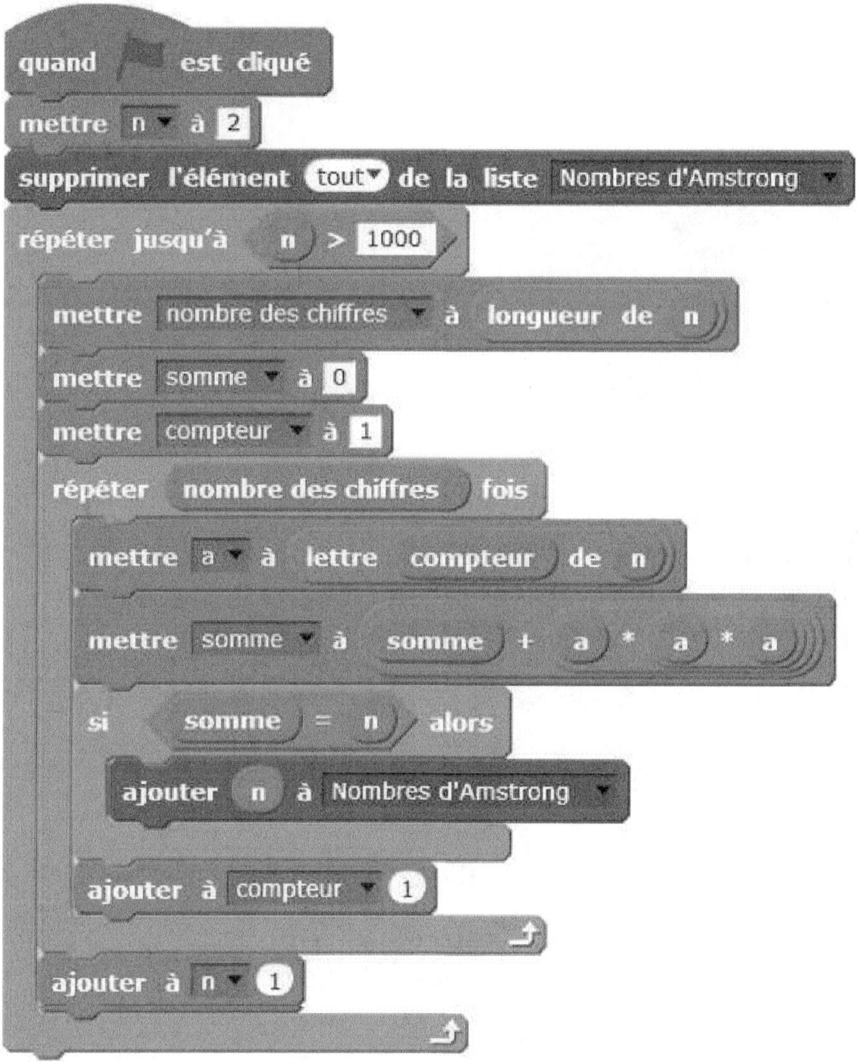
quand est cliqué
mettre n à 2
supprimer l'élément tout de la liste Nombres d'Amstrong
répéter jusqu'à n > 1000
mettre nombre des chiffres à longueur de n
mettre somme à 0
mettre compteur à 1
répéter nombre des chiffres fois
mettre a à lettre compteur de n
mettre somme à somme + a * a * a
si somme = n alors
ajouter n à Nombres d'Amstrong
ajouter à compteur 1
ajouter à n 1

Leçon 09 : le hasard avec Scratch

E01.

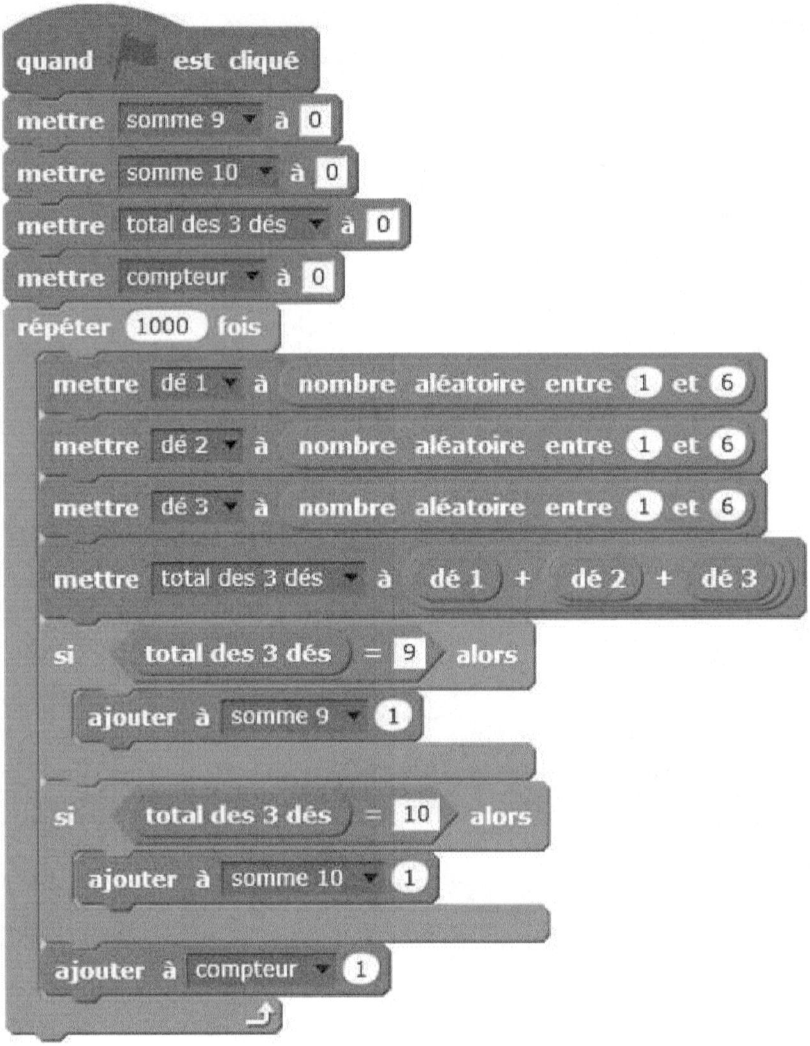

Voici le résultat obtenu après 1000 lancers, mais est-ce suffisant pour conclure ?

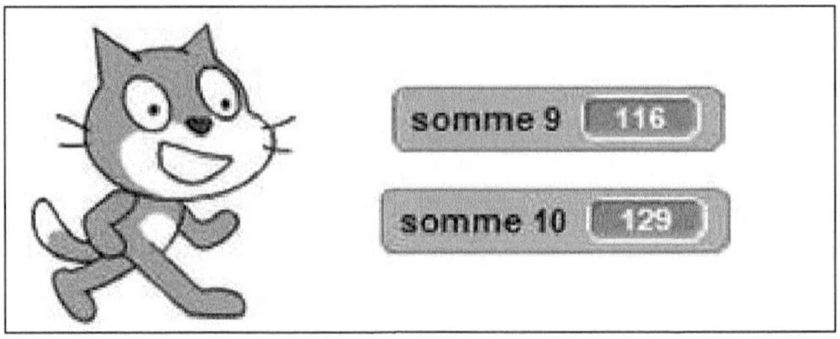

E02.

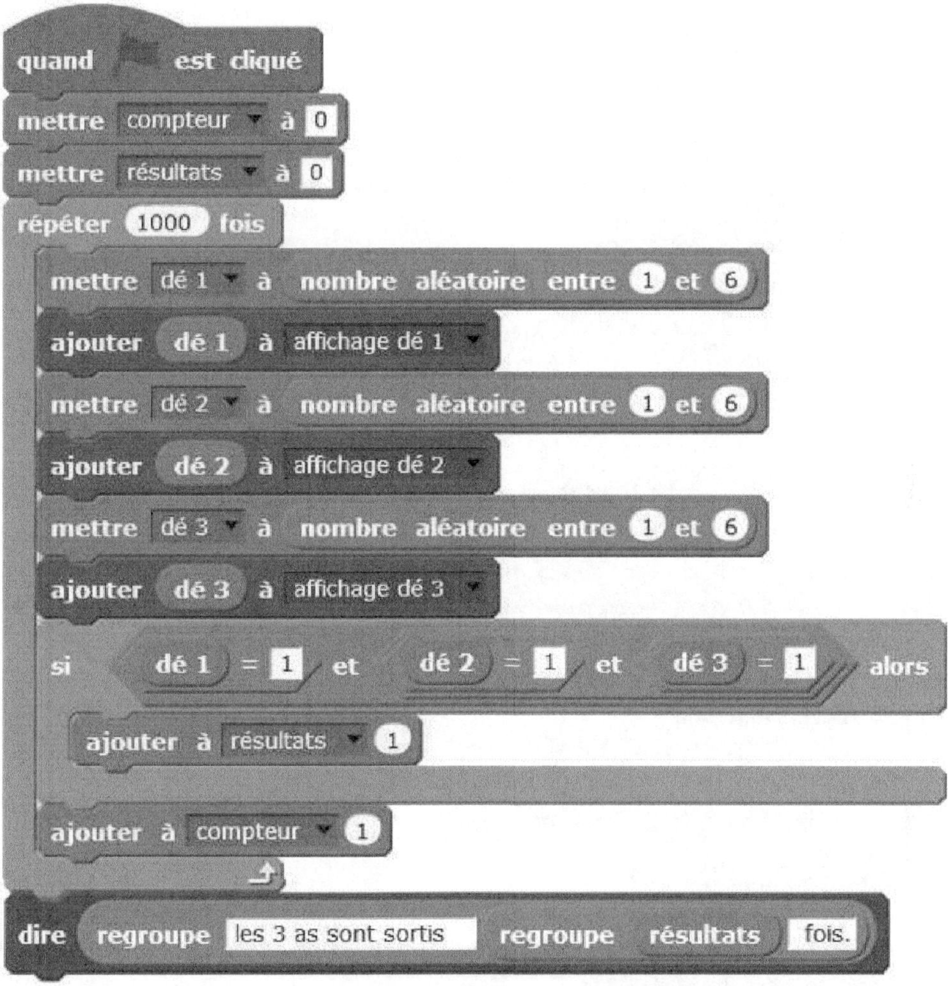

Voici le résultat obtenu après une série de 1000 lancers :

E03.

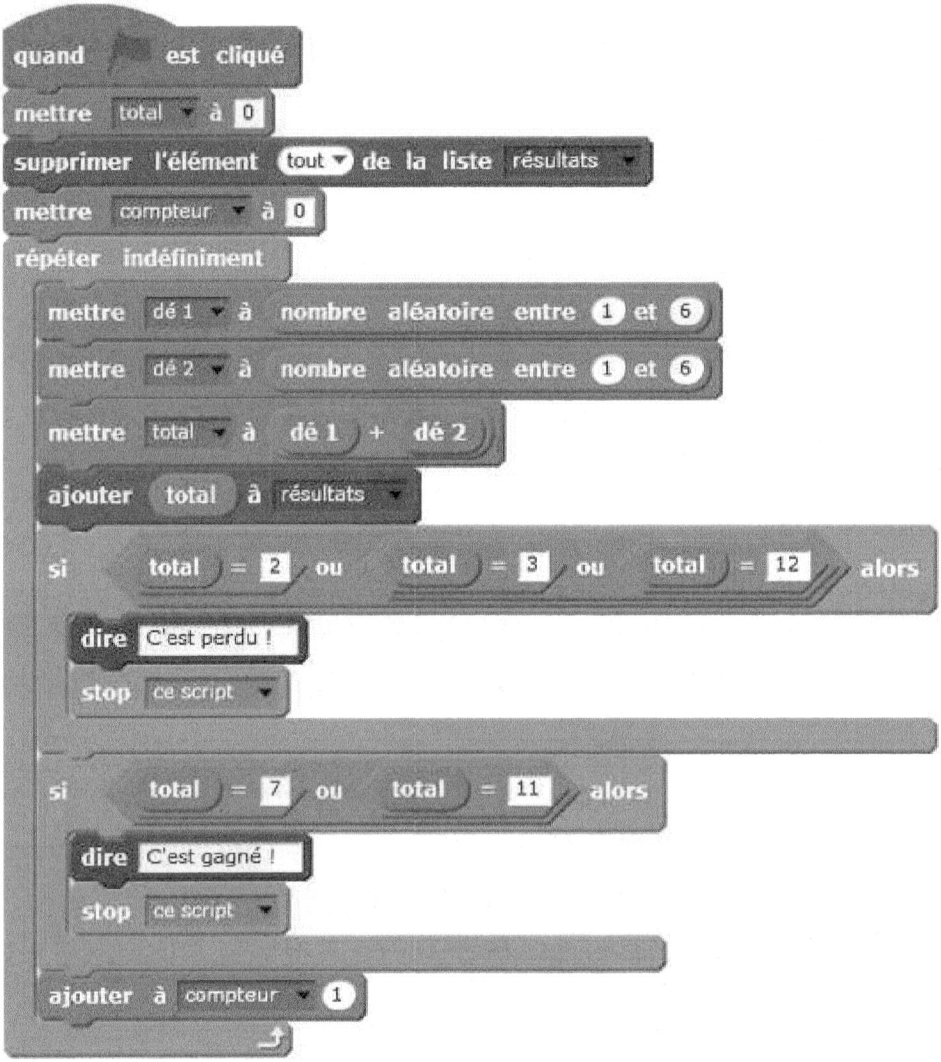
quand est cliqué
mettre total à 0
supprimer l'élément tout de la liste résultats
mettre compteur à 0
répéter indéfiniment
mettre dé 1 à nombre aléatoire entre 1 et 6
mettre dé 2 à nombre aléatoire entre 1 et 6
mettre total à dé 1 + dé 2
ajouter total à résultats
si total = 2 ou total = 3 ou total = 12 alors
dire C'est perdu !
stop ce script
si total = 7 ou total = 11 alors
dire C'est gagné !
stop ce script
ajouter à compteur 1

E04. Voici le début du programme :

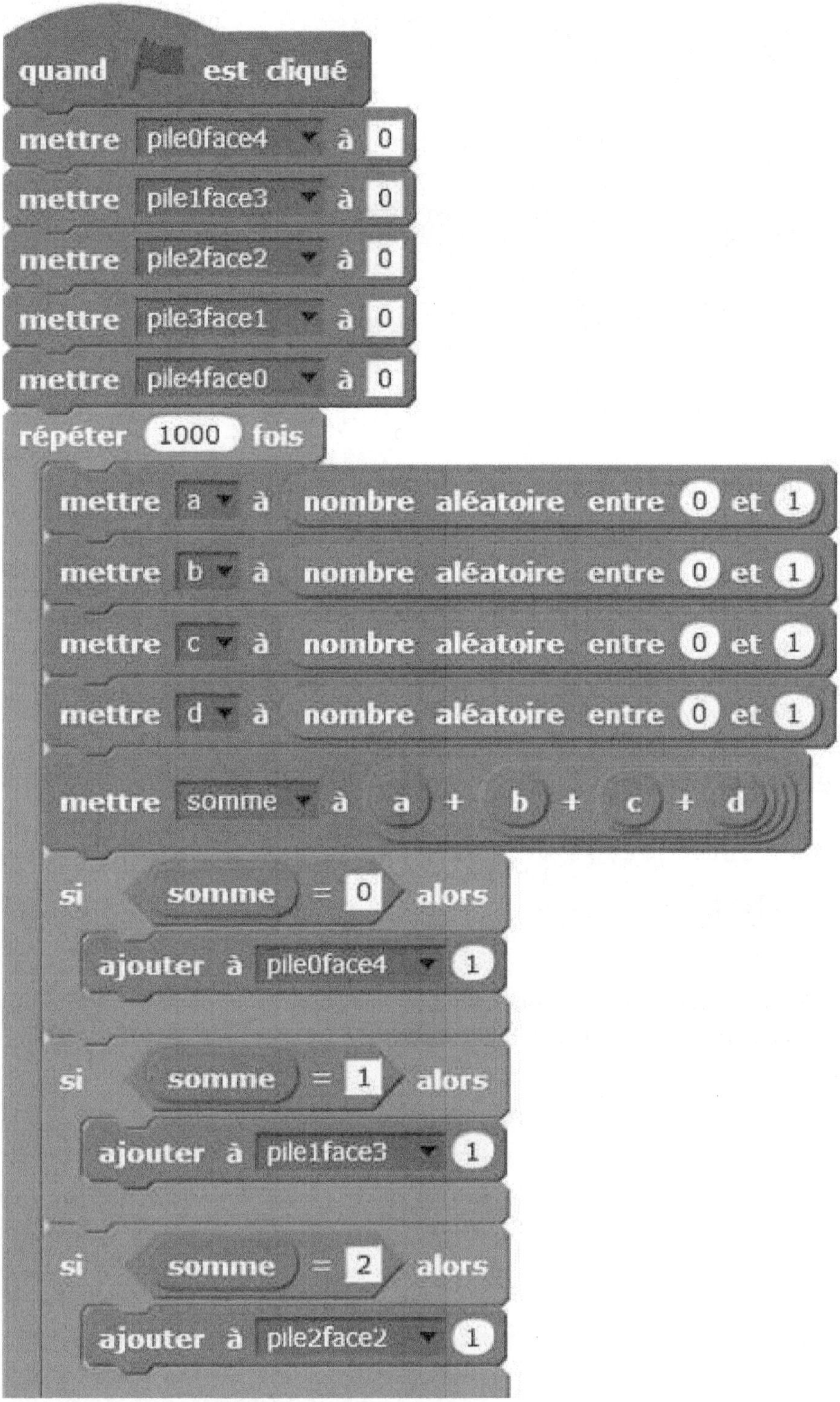

Et voici la fin du programme

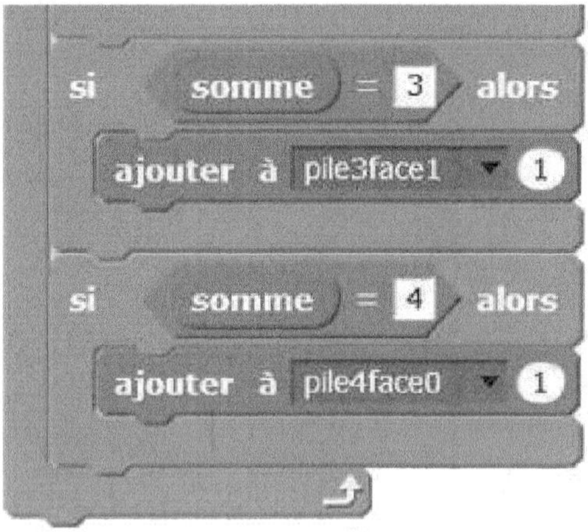

Après une série de 1000 lancers, on a obtenu ce résultat :

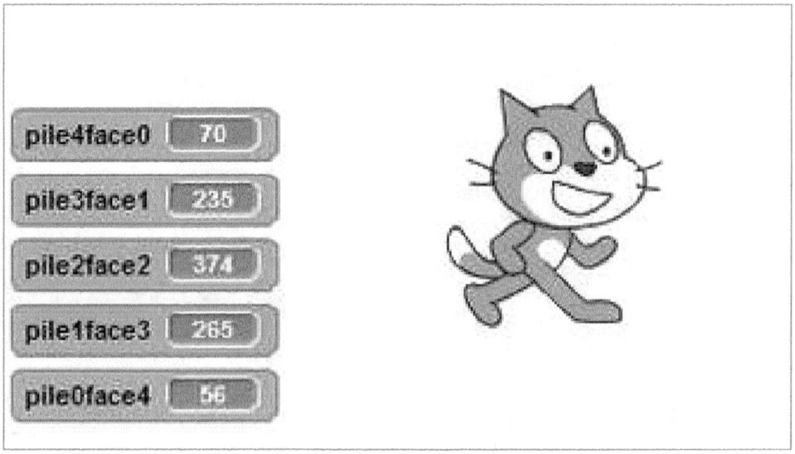

E05. Dans le programme qui correspond au jeu du lièvre et de la tortue, on utilise un drapeau *dr* qui vaut 0 tant que la partie n'est pas finie et 1 lorsqu'elle est terminée.

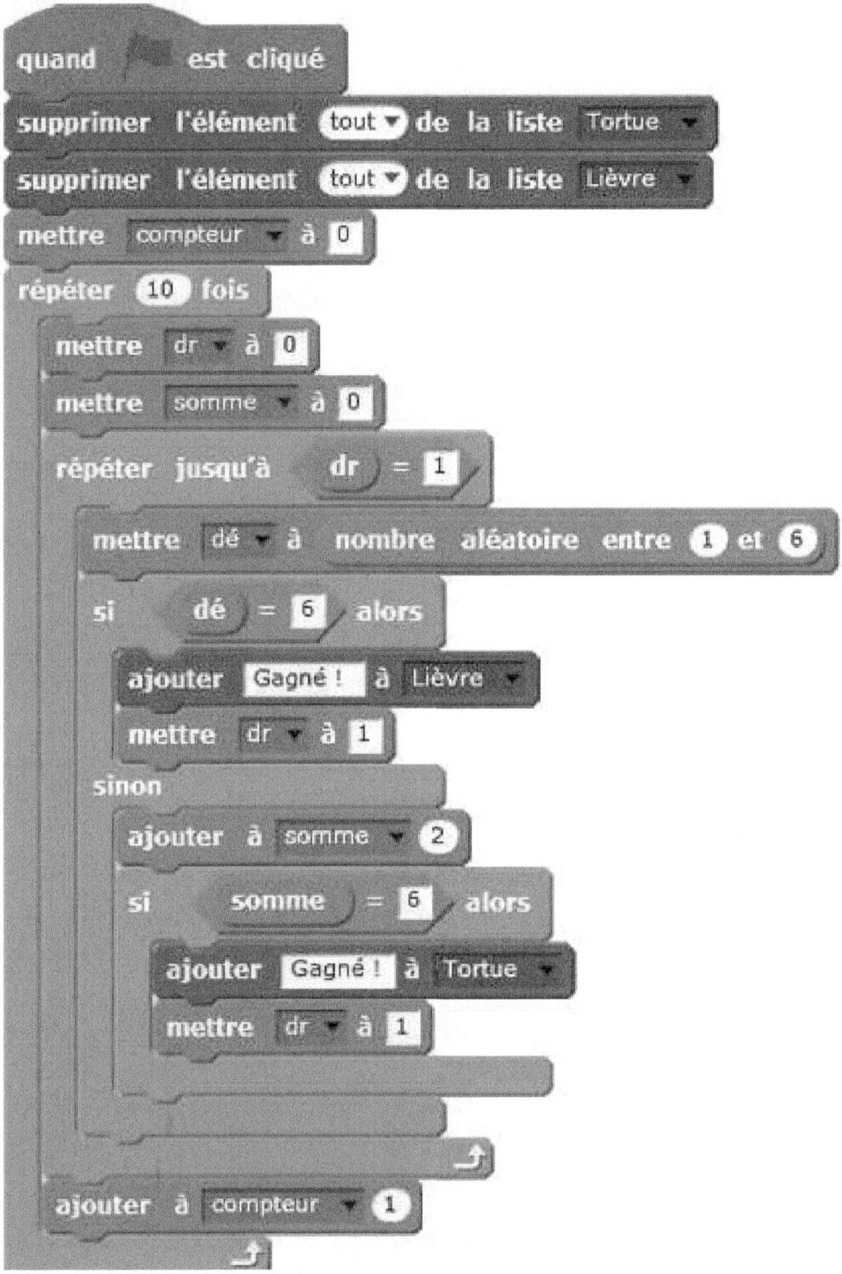
quand est cliqué
supprimer l'élément tout de la liste Tortue
supprimer l'élément tout de la liste Lièvre
mettre compteur à 0
répéter 10 fois
mettre dr à 0
mettre somme à 0
répéter jusqu'à dr = 1
mettre dé à nombre aléatoire entre 1 et 6
si dé = 6 alors
ajouter Gagné ! à Lièvre
mettre dr à 1
sinon
ajouter à somme 2
si somme = 6 alors
ajouter Gagné ! à Tortue
mettre dr à 1
ajouter à compteur 1

4. Corrigés des travaux pratiques

TP01 : astronautique

1.

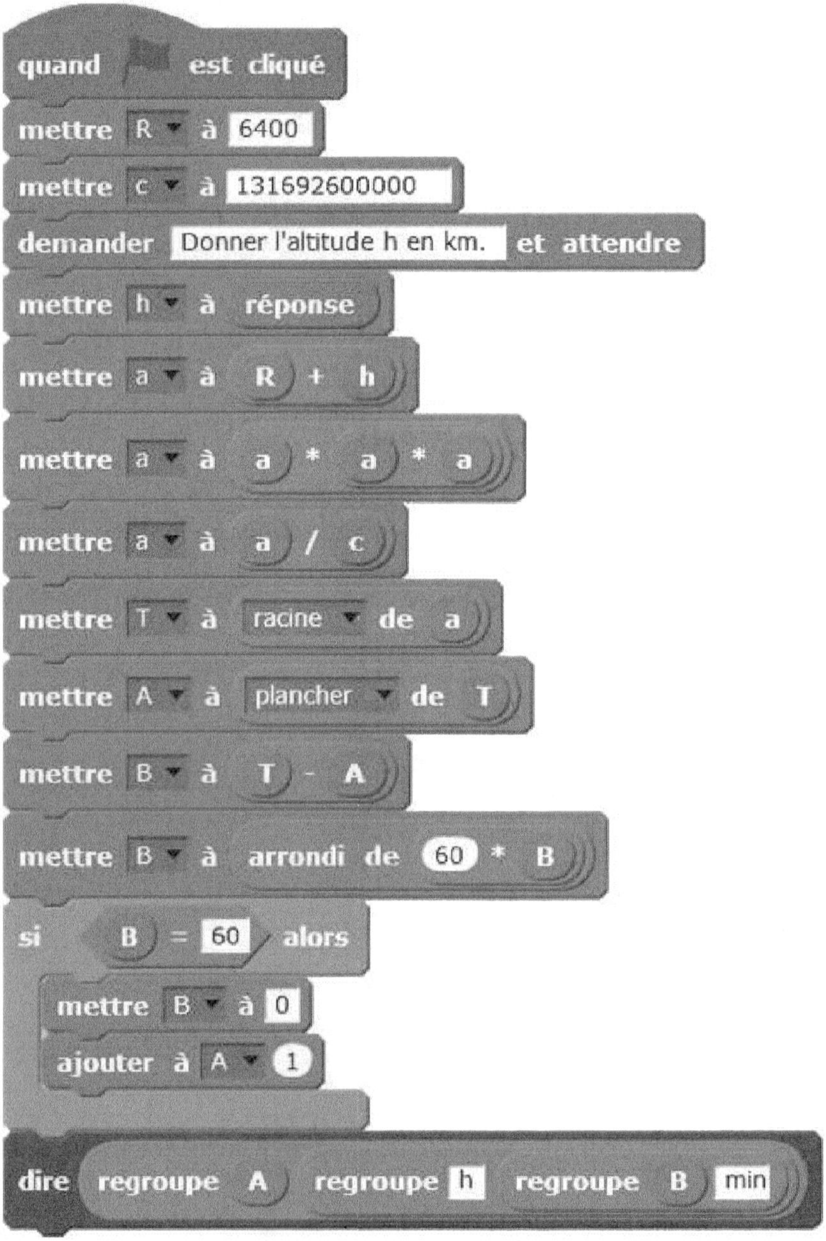

Pour h=80 km, on obtient T=1,43 h soit 1h et 26 min.
Pour h=35 931 km, on obtient T=23,999 h soit pratiquement 24h. Le satellite est géostationnaire.

2. Le programme qui suit calcule *T* en fonction de *d*.

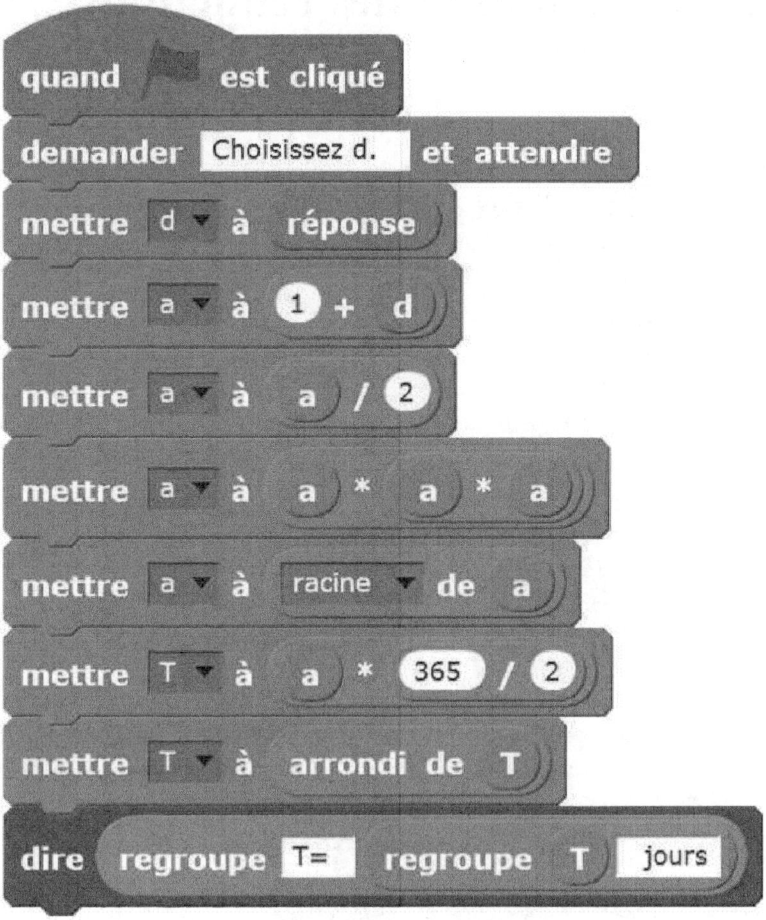

On obtient les résultats suivants :

Nom de la planète	*année*	*jours*
Mercure	-	105
Vénus	-	146
Terre	-	
Mars	-	259
Jupiter	-	997
Saturne	6	30
Uranus	15	357
Neptune	30	224

TP02 : des achats et des réductions

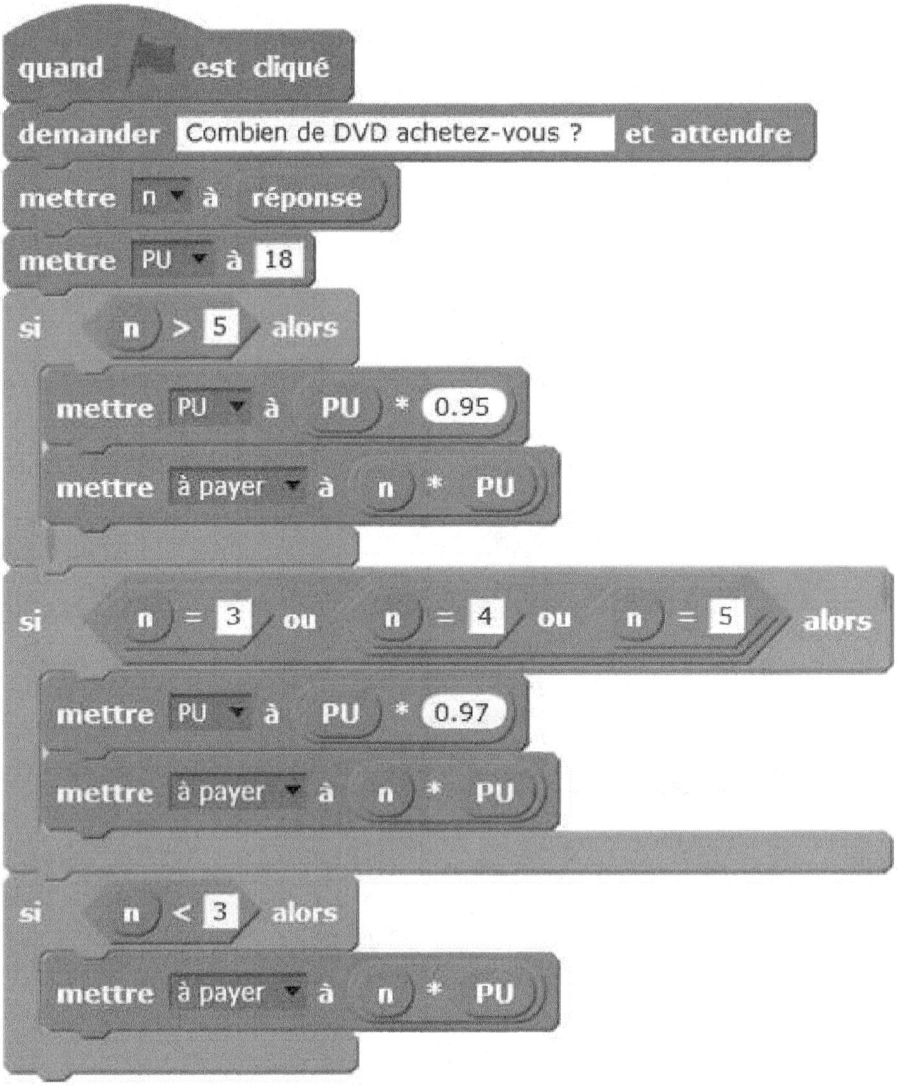

Exemple : pour 6 DVD achetés, on paye 102,60 euros.

TP03 : résolution d'un système de 2 équations du premier degré à 2 inconnues

Le script du programme est partagé en deux parties distinctes qui doivent être placées dans la même fenêtre.
Pour démarrer la première partie du programme, qui sert à entrer les données *a, b, c, a', b'* et *c',* il faut cliquer sur le drapeau vert.

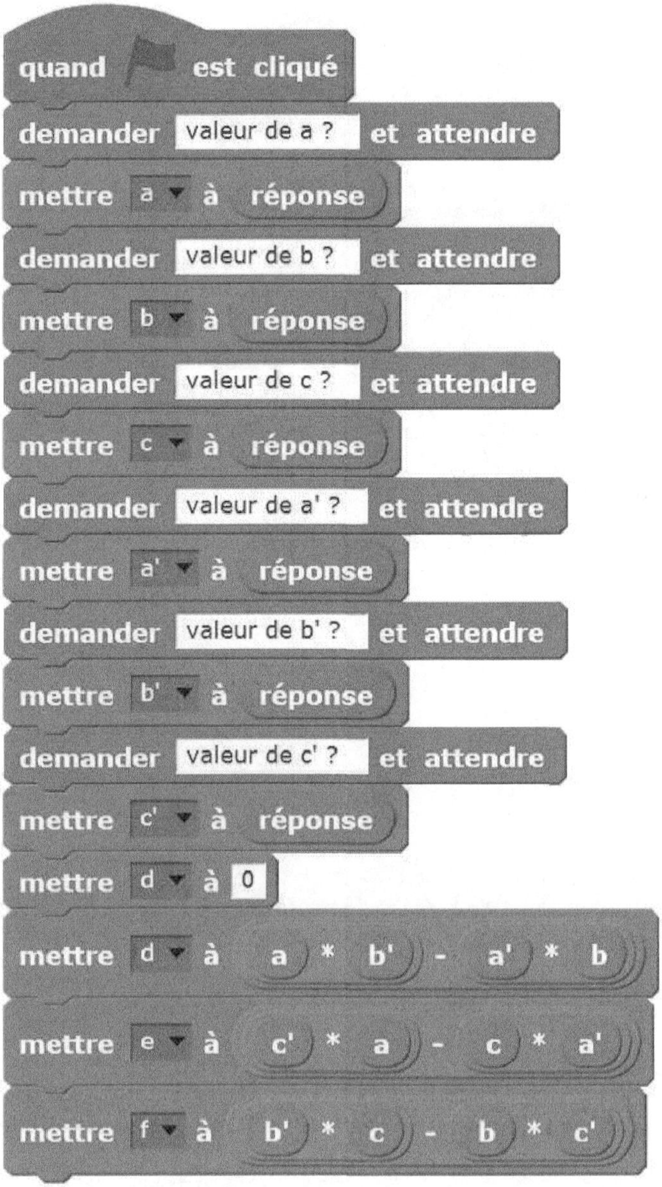

Après avoir lancé la première partie du programme, on démarre la seconde partie en appuyant sur la barre d'espace.

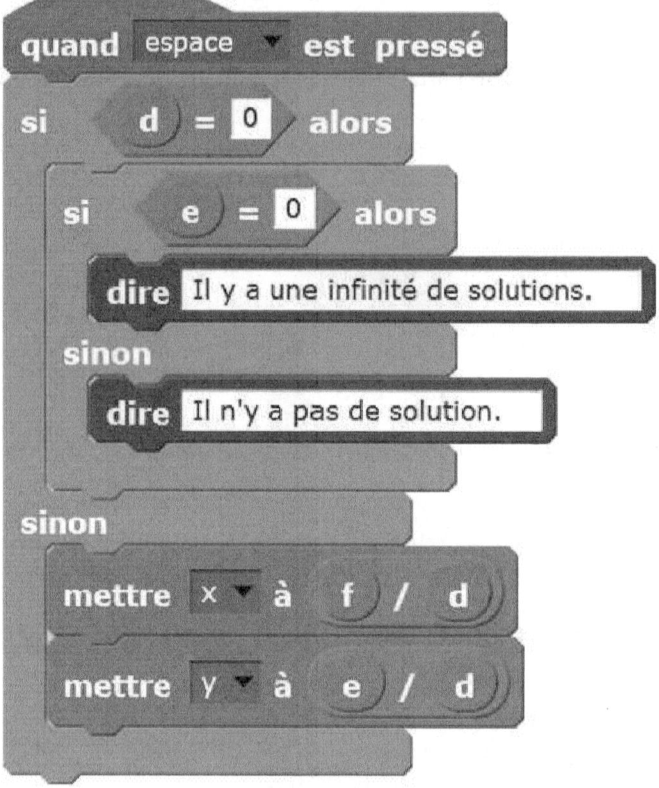

TP04 : dessiner des quadrilatères

1.

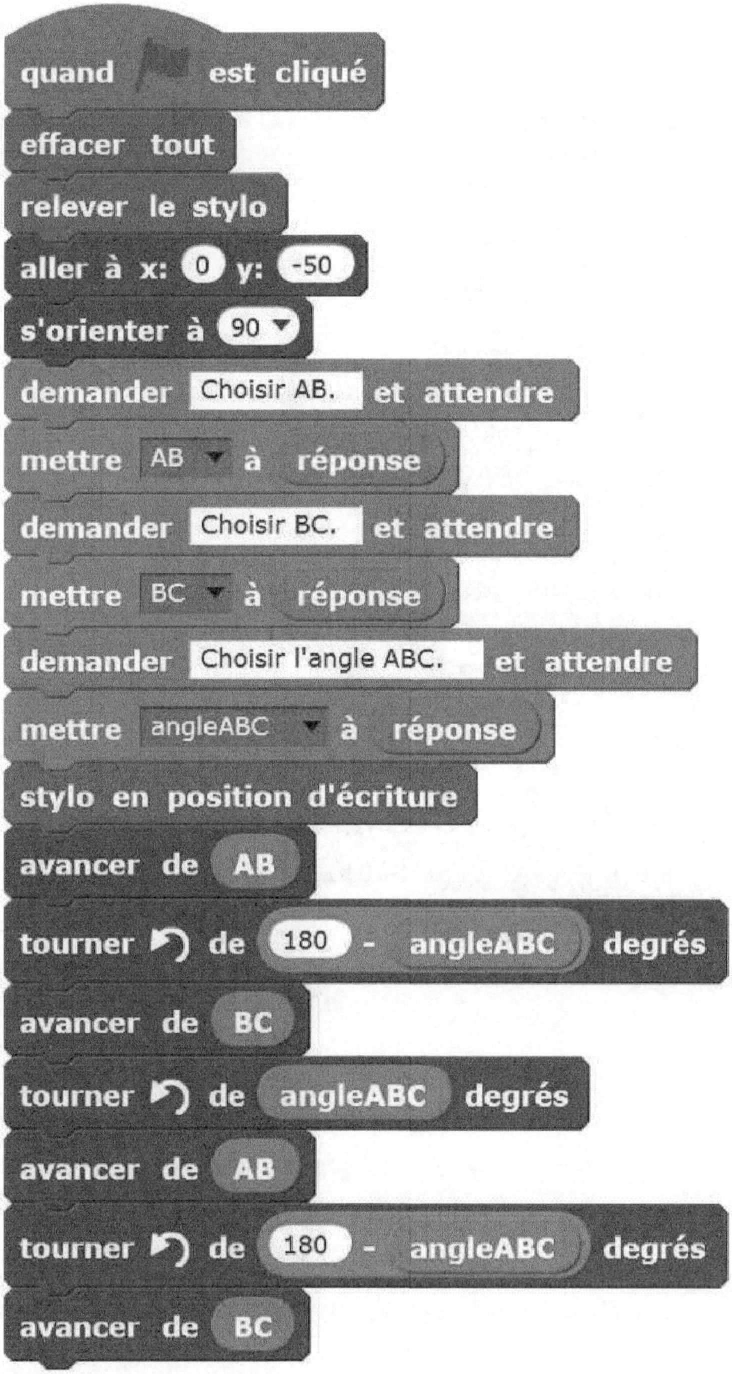

2. Le même programme convient pour le losange car il suffit de choisir BC=AB.

3. Un petit calcul donne $\widehat{\mathrm{BCD}}=\widehat{\mathrm{CDA}}=180°-72°=108°$.

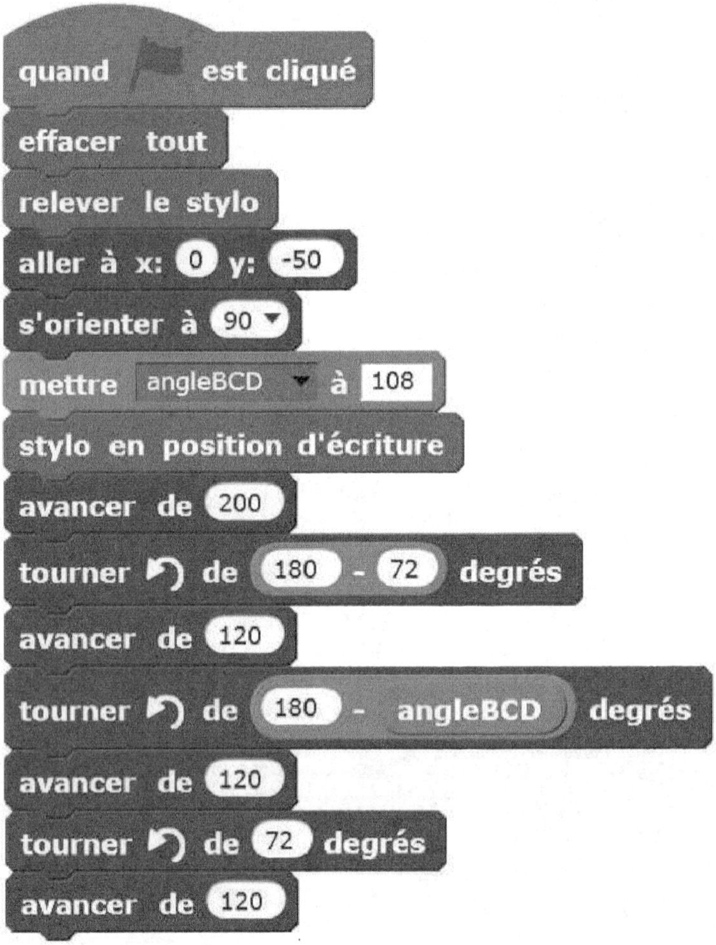

TP05 : dessiner des triangles

1. Pour calculer l'angle $\widehat{BCA}$ connaissant sa tangente, il faut utiliser la fonction *atan*. On calcule la longueur AC avec le théorème de Pythagore.

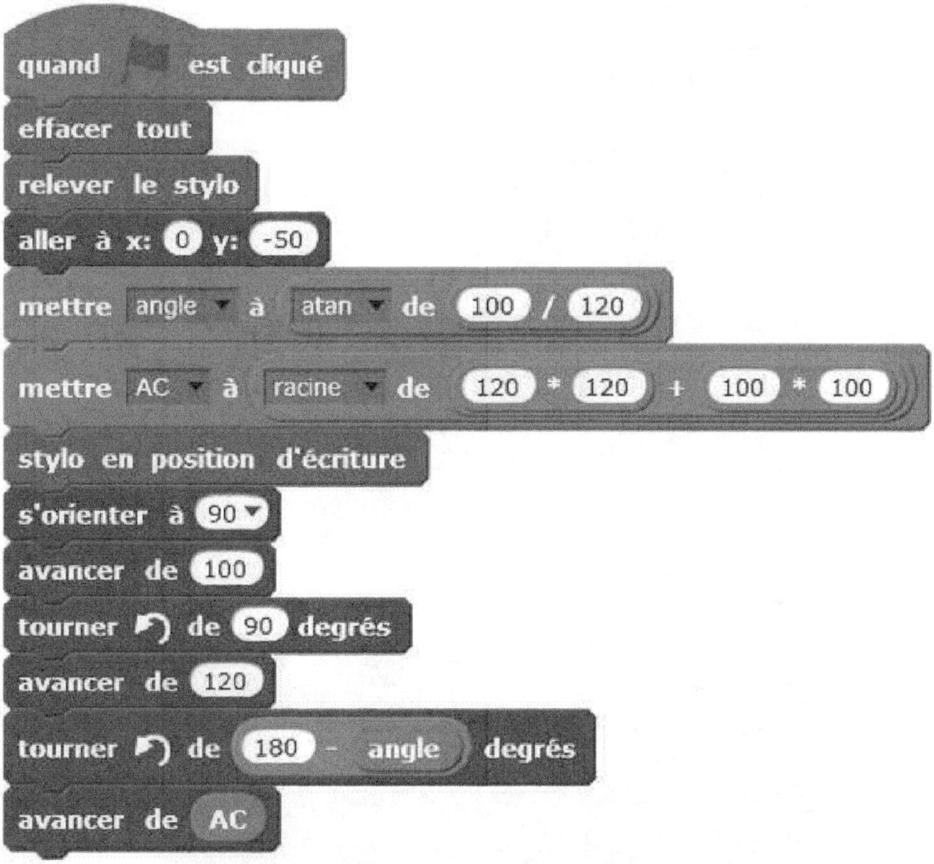

2. Pour calculer l'angle $\widehat{ABC}$ connaissant son cosinus, il faut utiliser la fonction réciproque *acos*.

L'angle $\widehat{BCA}$ se déduit du précédent.

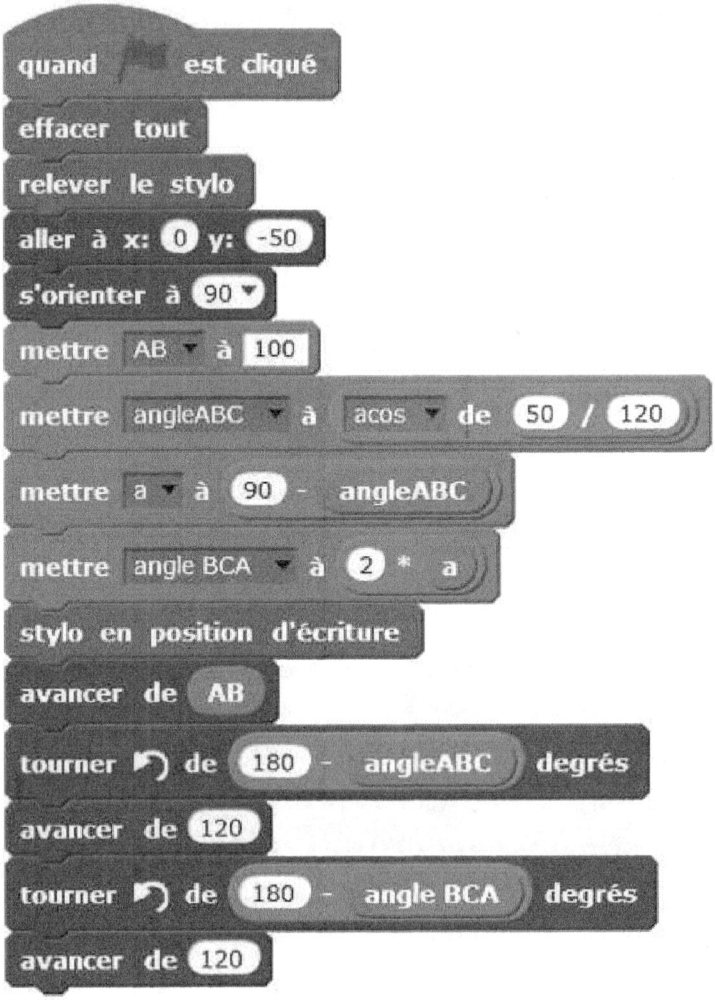

TP06 : le diamant

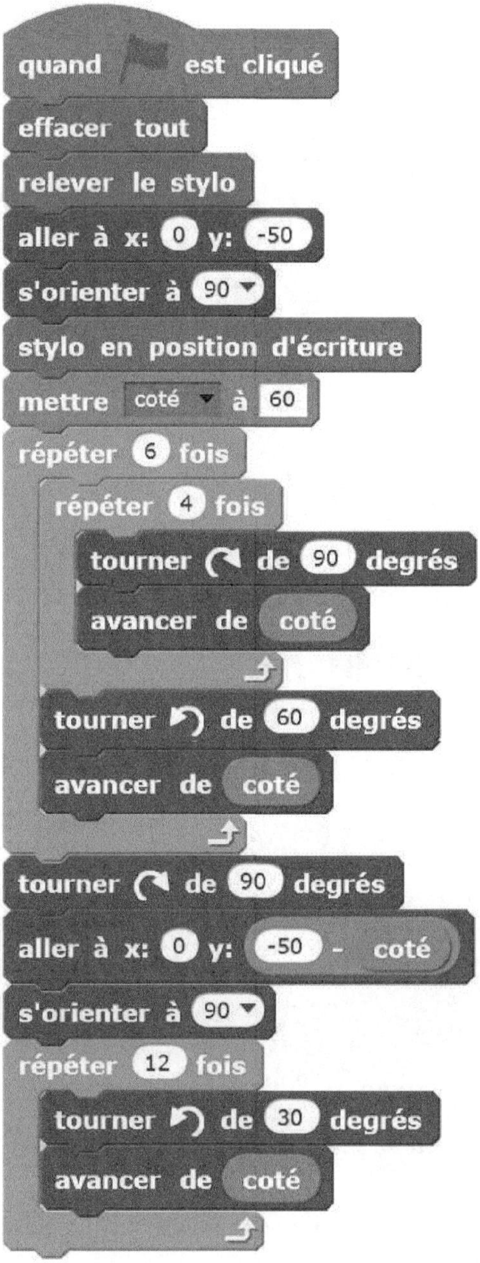

TP07 : racine carrée et racine cubique

1.

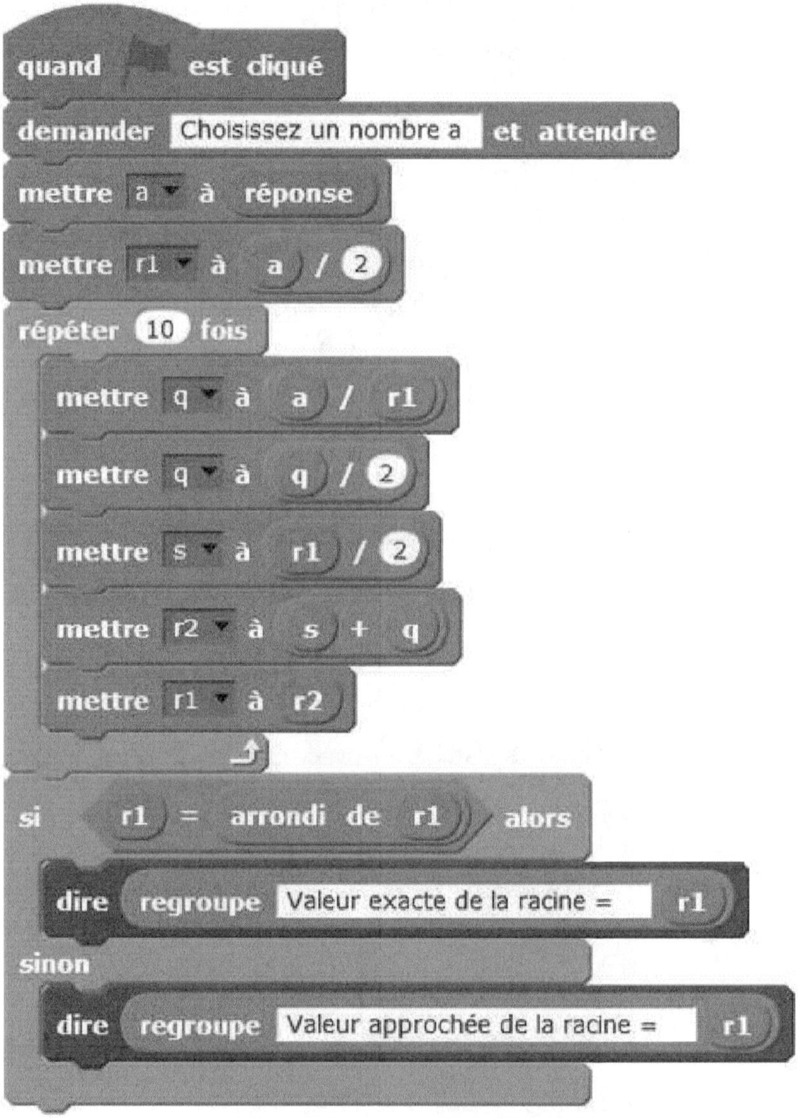

Remarque : le fait de donner une nouvelle valeur à r_1 en fin de boucle rend inutile le recours à un compteur de boucle.
La variable b qui figure dans la boucle a été introduite pour assurer un calcul correct de l'expression $\frac{1}{2}(r_1 + \frac{a}{r_1})$.

Le deuxième programme affiche les valeurs approchées successives dans une liste.

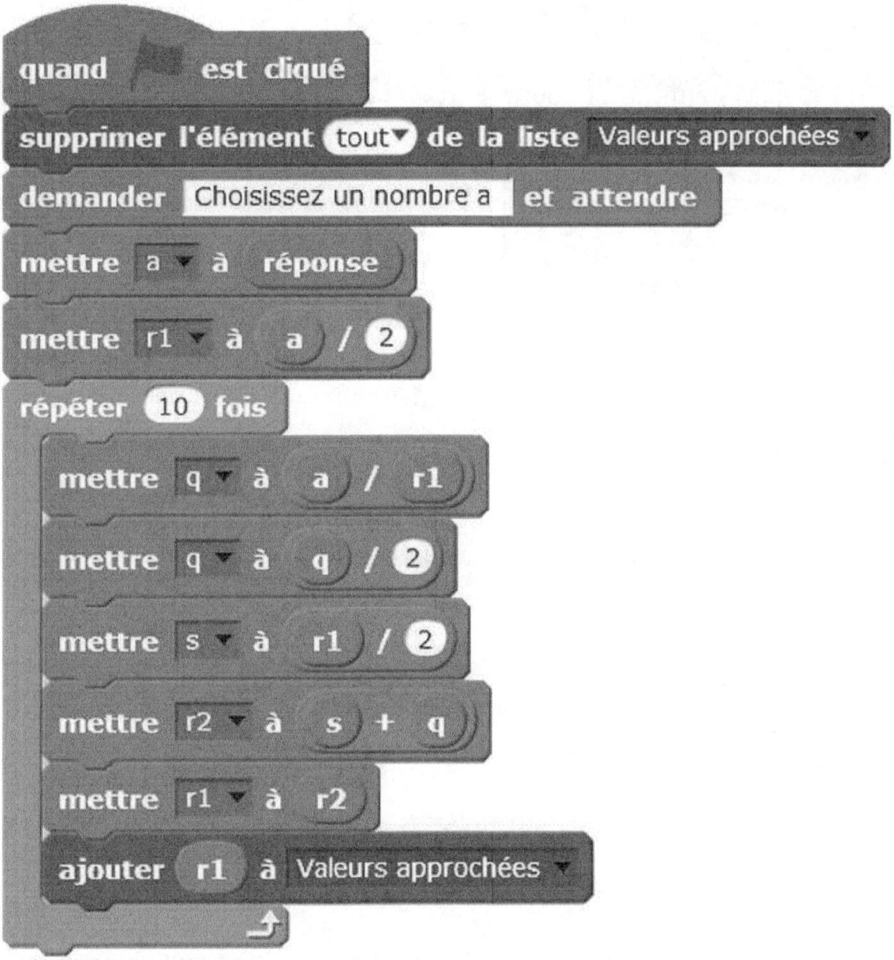

2. Les valeurs approchées successives de la racine cubique du nombre a sont représentées par les variables x et y.
Pour éviter les erreurs de calcul, les deux premières lignes de la boucle, qui utilisent la variable y, servent à fractionner le calcul de la racine cubique.

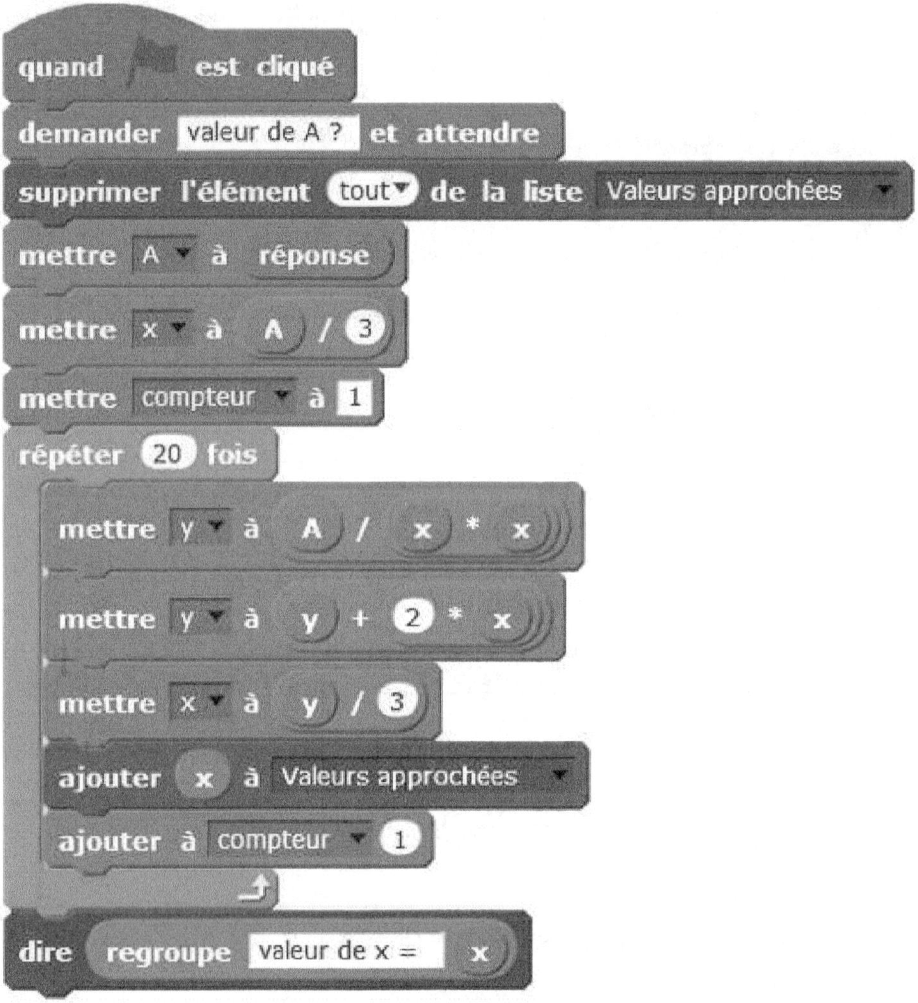

La dernière valeur approchée est affichée dans une bulle. On peut observer qu'elle comprend davantage de décimales que celle qui figure dans la liste.

Remarque : On peut généraliser les deux algorithmes précédents au calcul des valeurs approchées de la racine $n^{\text{ième}}$ d'un nombre positif a.

Si r_1 est une valeur approchée de cette racine, le nombre $r_2 = \frac{1}{n}\left[(n-1)r_1 + \frac{a}{r_1^{n-1}}\right]$ est une meilleure valeur approchée de cette racine. En recommençant un certain nombre de fois, on obtient une valeur encore plus précise.

TP08 : diviseurs d'un entier et nombres parfaits

1. Pour établir la liste des diviseurs d'un entier *n*, on essaye de le diviser par chacun des entiers qui lui sont inférieurs. On ne retient et on affiche comme diviseurs de l'entier *n* que les nombres qui donnent un reste euclidien nul. Cette méthode n'est pas la plus rapide mais elle est très simple et finalement satisfaisante.

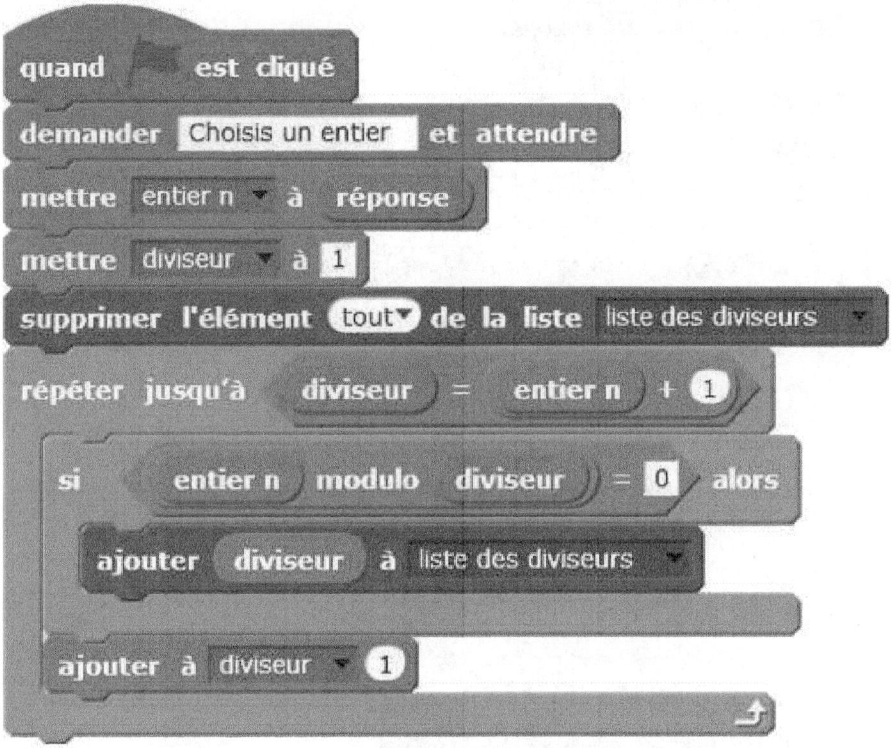

Remarque : si on remplace l'instruction ***répéter jusqu'à diviseur=entier + 1*** par l'instruction ***répéter jusqu'à diviseur=entier***, on obtient la liste des **diviseurs propres** de l'entier *n* c'est-à-dire tous les diviseurs de *n* à l'exception de 1 et de *n* lui-même.

2. En modifiant légèrement ce programme, on peut en construire un nouveau qui dira si un entier *n* est parfait ou non.

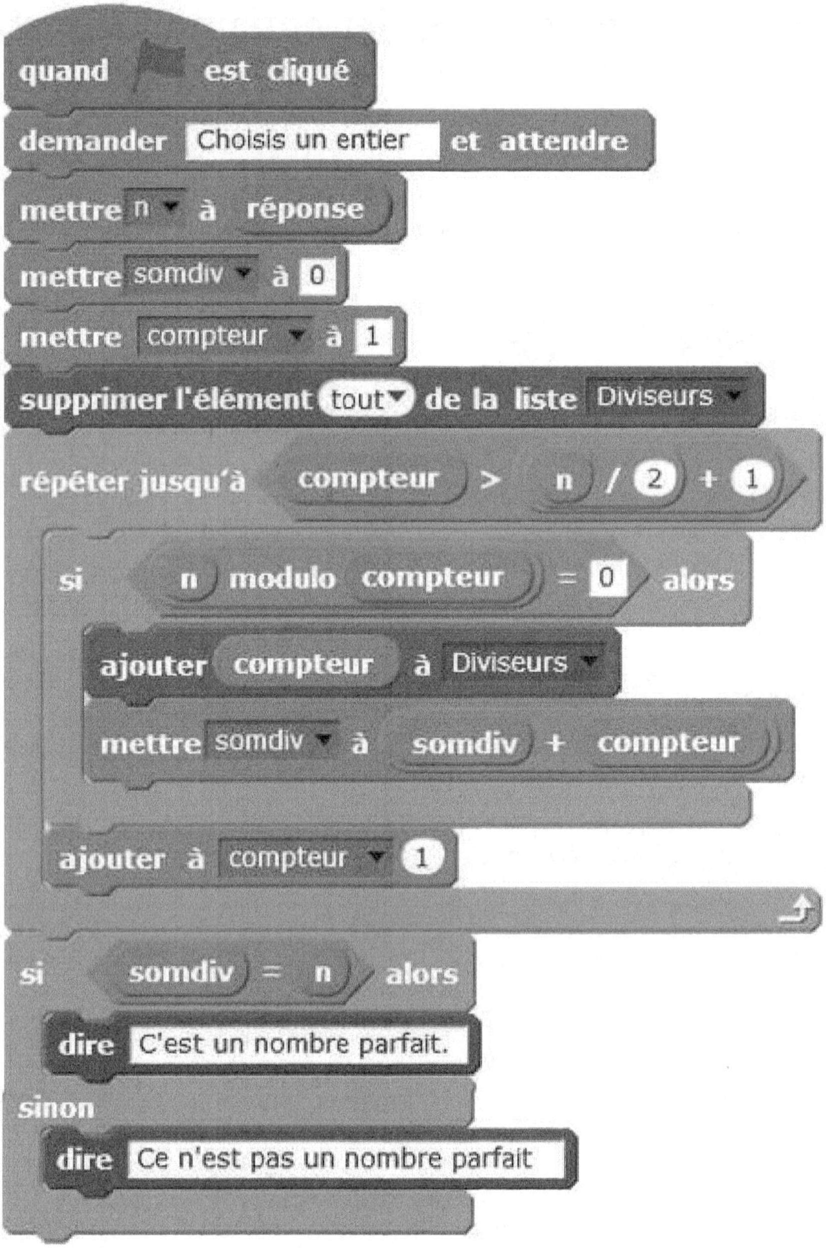

Euclide connaissait 4 nombres parfaits : 6, 28, 496 et 8128.
Le 5ème nombre parfait est 33 550 336, le 6ème est 8 589 869 056, le 7ème est 137 438 691 328, etc.
Aujourd'hui, en 2017, on connaît seulement 49 nombres entiers parfaits mais on ignore encore s'il existe des nombres parfaits impairs.

TP09 : PGCD de deux entiers naturels (1)

1.

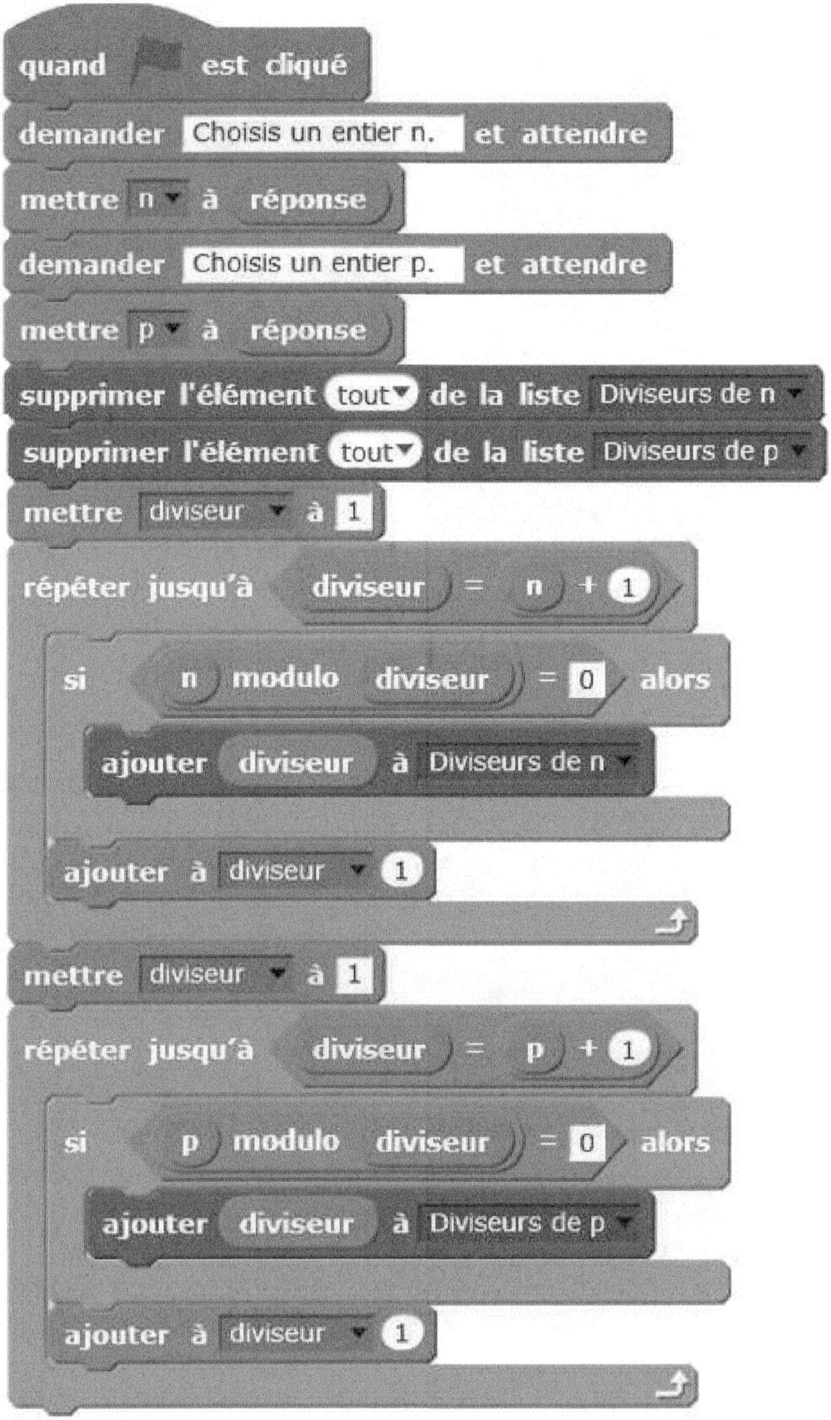

2.

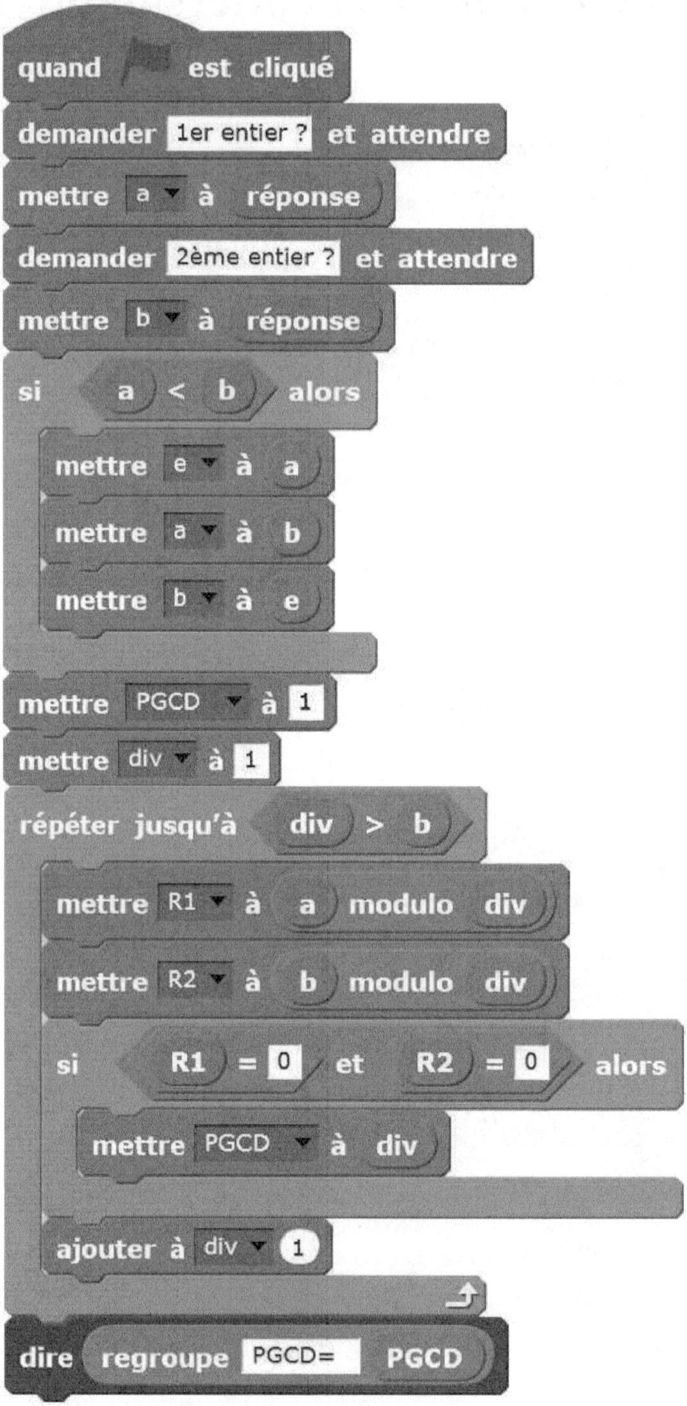
quand est cliqué
demander 1er entier ? et attendre
mettre a à réponse
demander 2ème entier ? et attendre
mettre b à réponse
si a < b alors
mettre e à a
mettre a à b
mettre b à e
mettre PGCD à 1
mettre div à 1
répéter jusqu'à div > b
mettre R1 à a modulo div
mettre R2 à b modulo div
si R1 = 0 et R2 = 0 alors
mettre PGCD à div
ajouter à div 1
dire regroupe PGCD= PGCD

TP10 : PGCD de deux entiers naturels (2)

1.

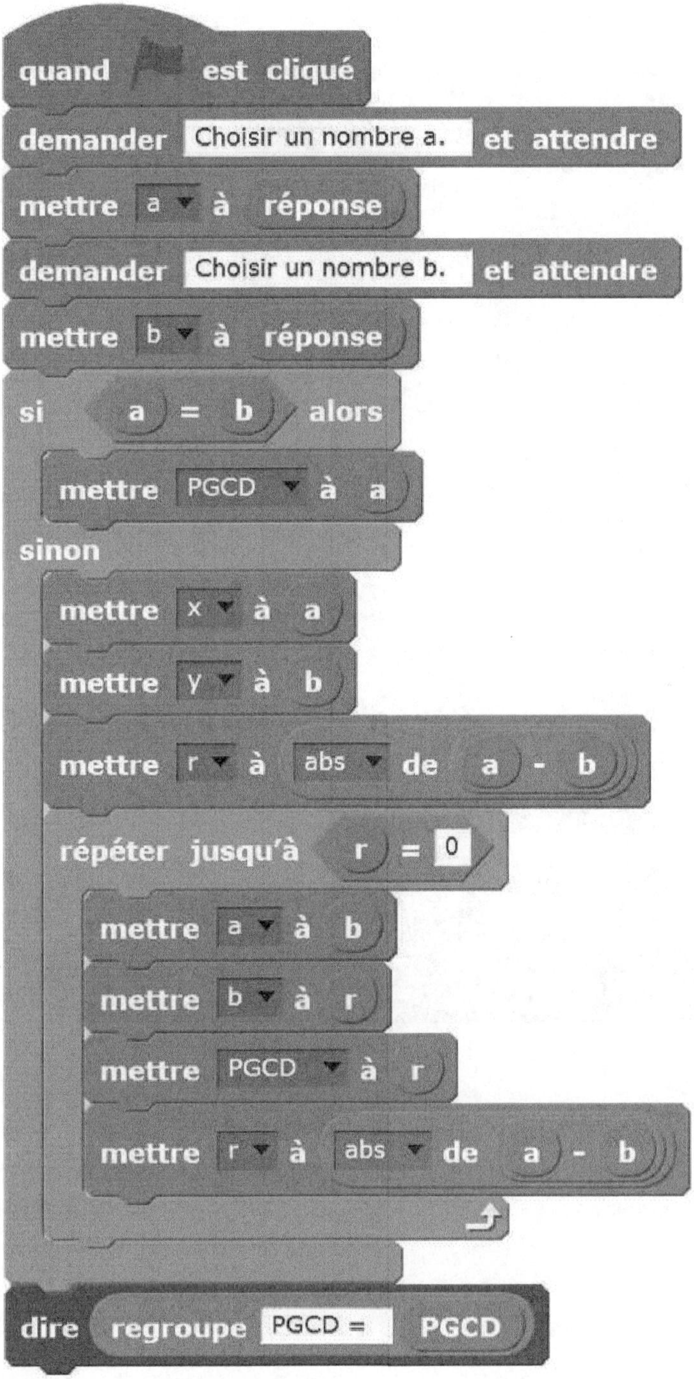

2.

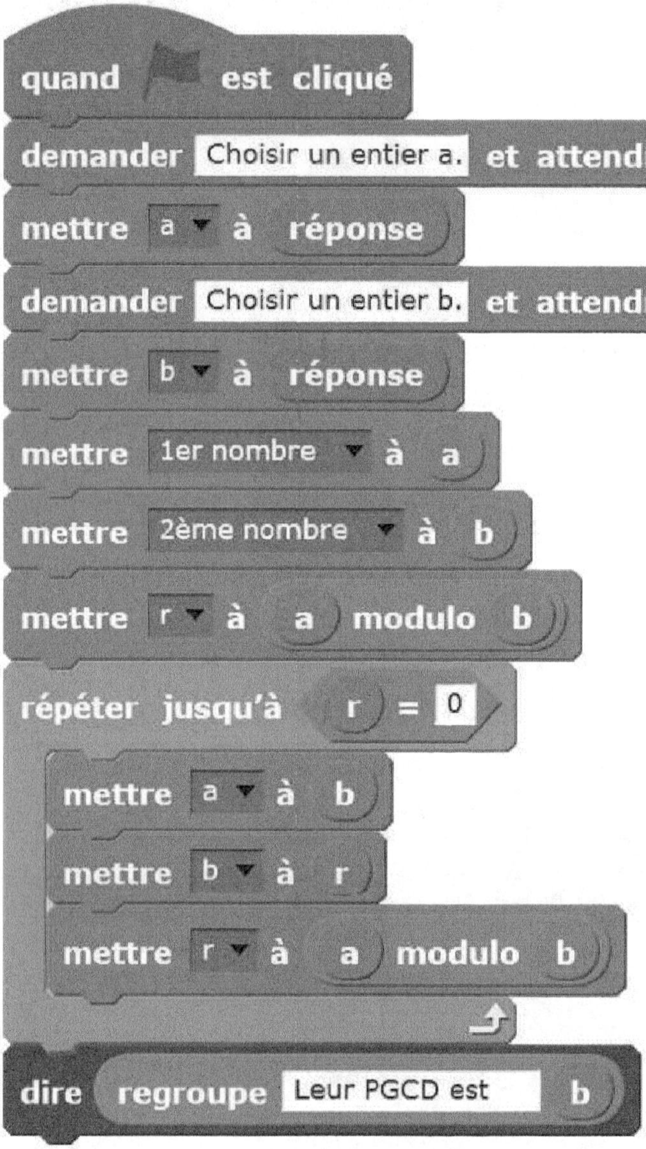
quand est cliqué
demander Choisir un entier a. et attendre
mettre a à réponse
demander Choisir un entier b. et attendre
mettre b à réponse
mettre 1er nombre à a
mettre 2ème nombre à b
mettre r à a modulo b
répéter jusqu'à r = 0
mettre a à b
mettre b à r
mettre r à a modulo b
dire regroupe Leur PGCD est b

3. Etant donné une fraction $\frac{n}{d}$, on recherche le PGCD de son numérateur n et de son dénominateur d puis on simplifie la fraction en divisant ses 2 termes par ce PGCD.

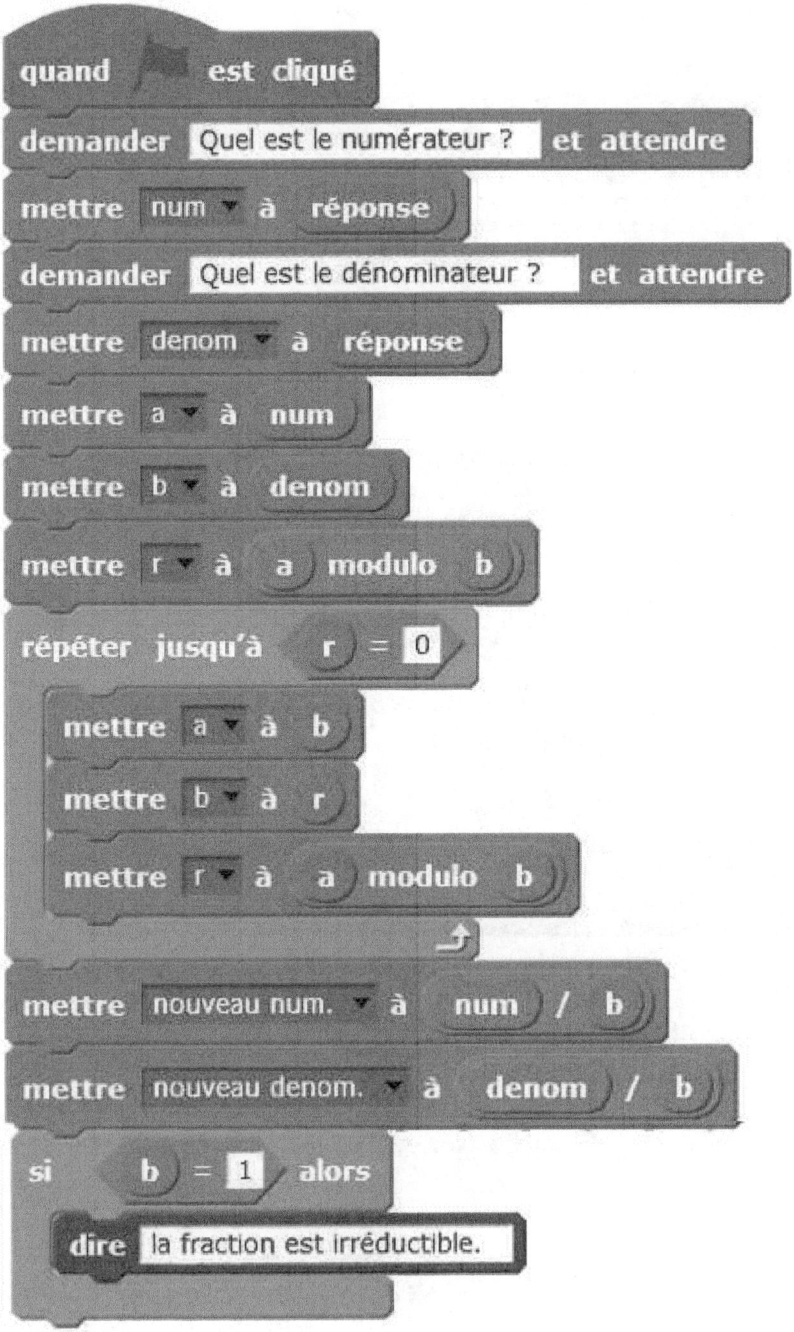

TP11 : les nombres premiers

1. Il est facile de modifier le programme qui dresse la liste des diviseurs d'un entier *n* pour lui faire compter le nombre des diviseurs de cet entier.

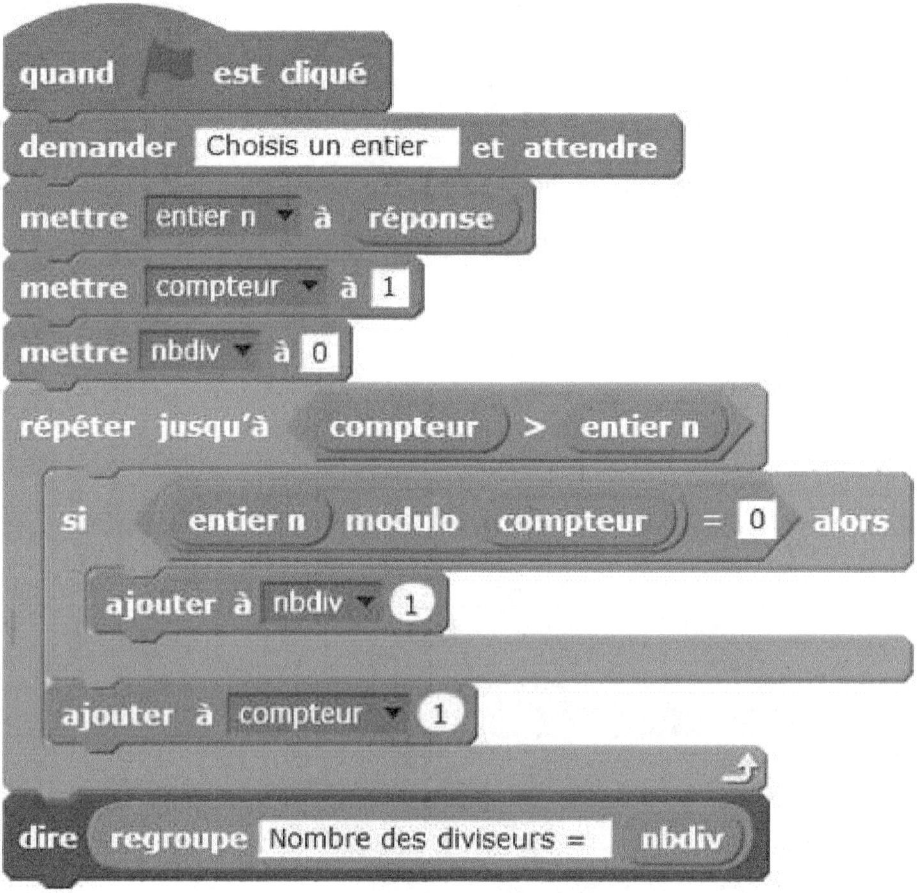

Exemple :

2. En modifiant légèrement le programme précédent, on obtient un programme qui dit si un entier est premier ou non.

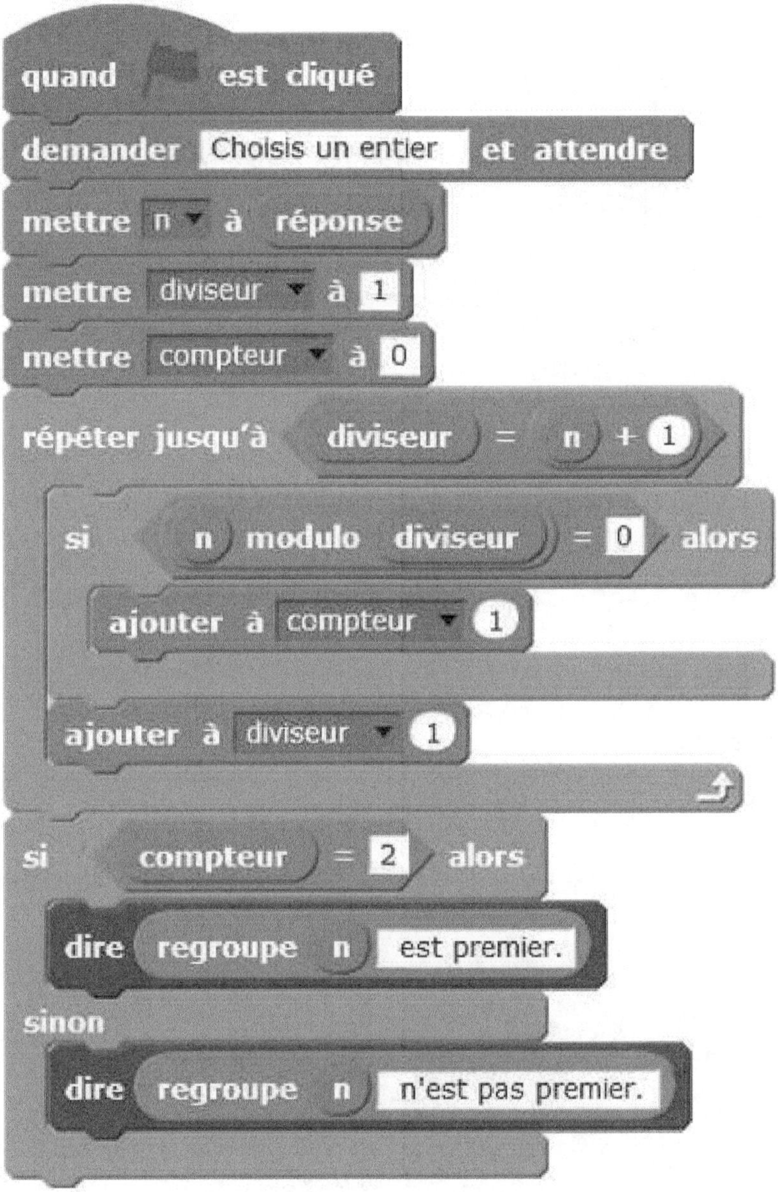

3. Liste des nombres premiers compris entre 1 et N.

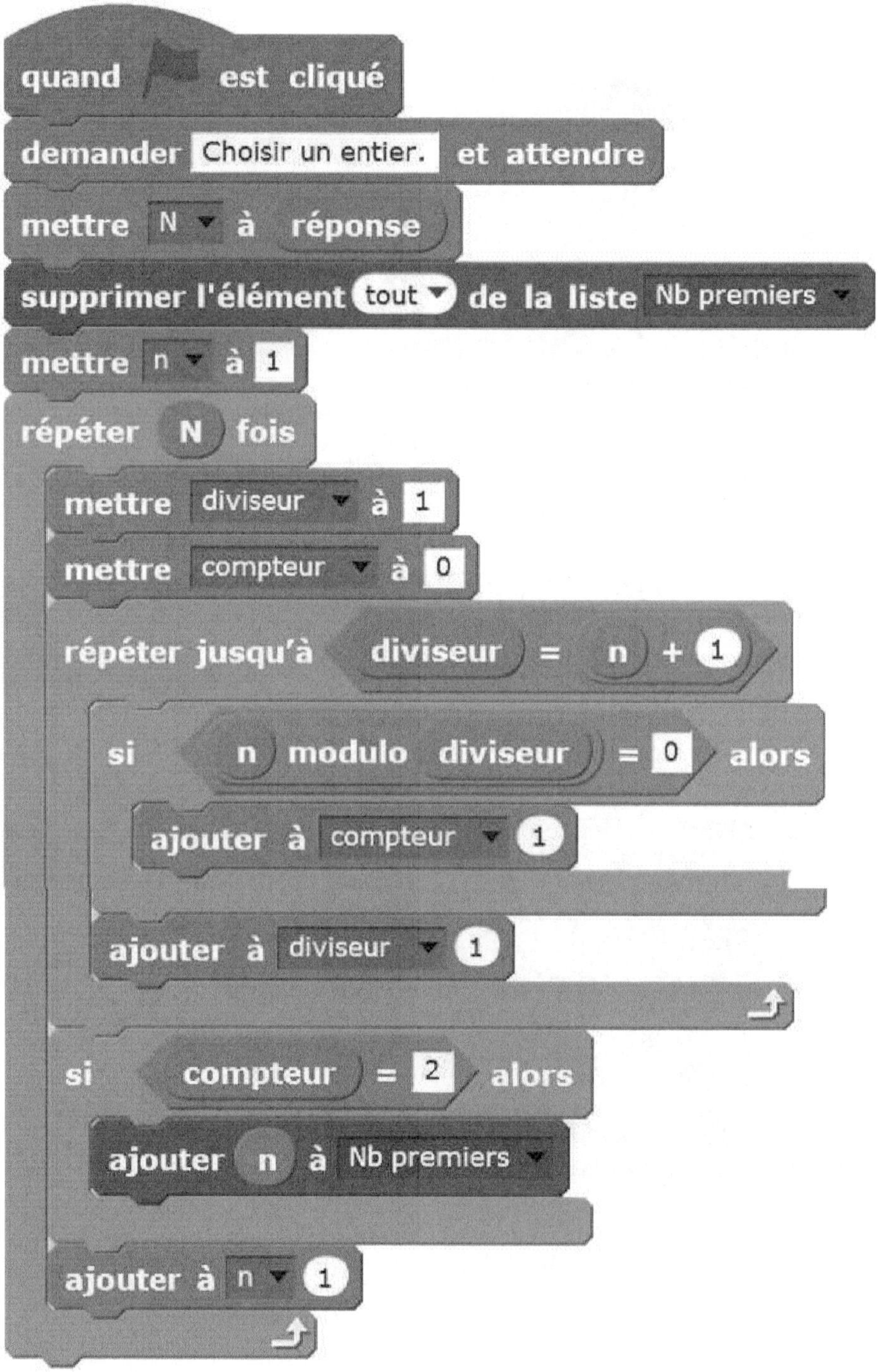

4. Liste des nombres premiers de l'intervalle [a;b].

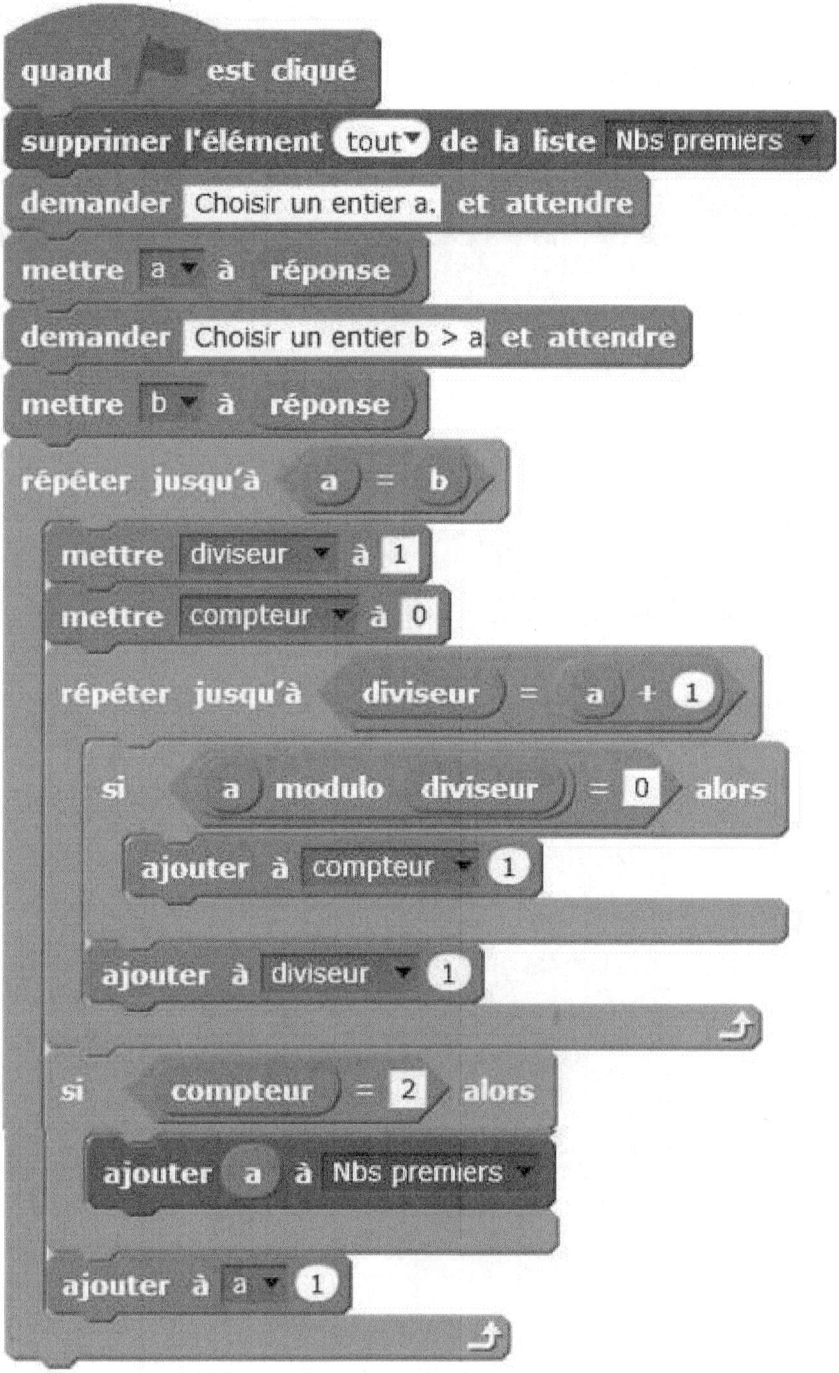

TP12 : Pythagore et les nombres entiers

1. Les nombres triangulaires

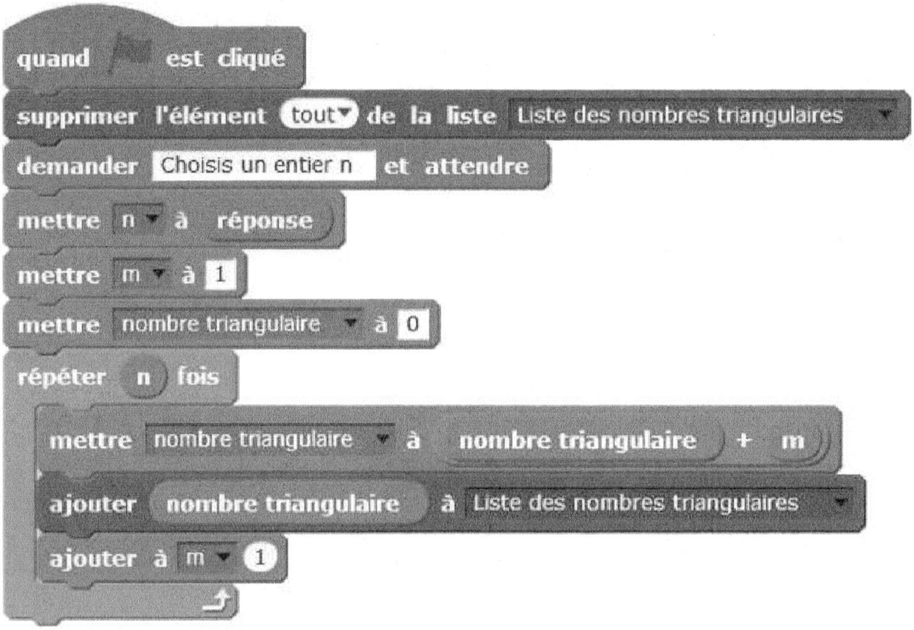

On démontre que le $n^{\text{ième}}$ nombre triangulaire est égal à $\dfrac{n(n+1)}{2}$.

2. Les triplets pythagoriciens

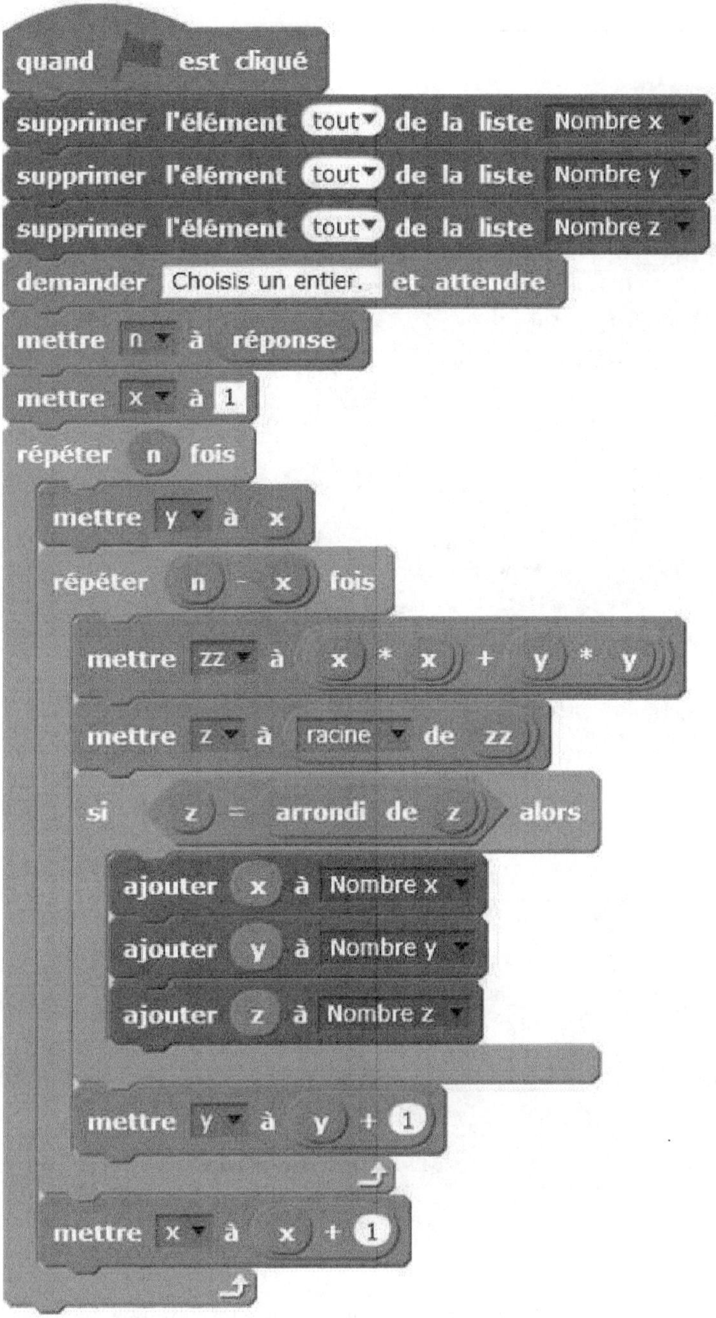

TP13 : 198 ou 1089 ?

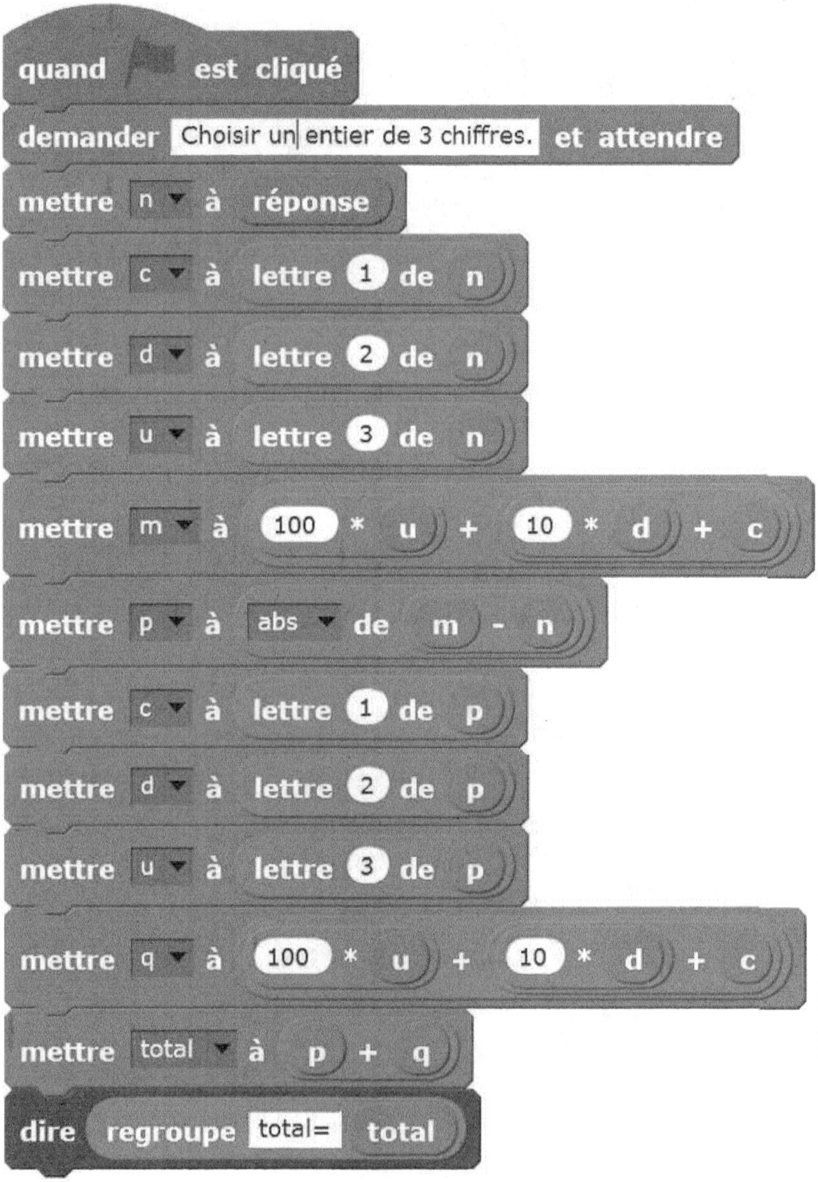

La plupart du temps, on obtient les mêmes résultats mais pas toujours. Il faut essayer avec des nombres comme 444, 440, 404 par exemple.

TP14 : calcul d'une moyenne et tri

1. Calculer une moyenne arithmétique

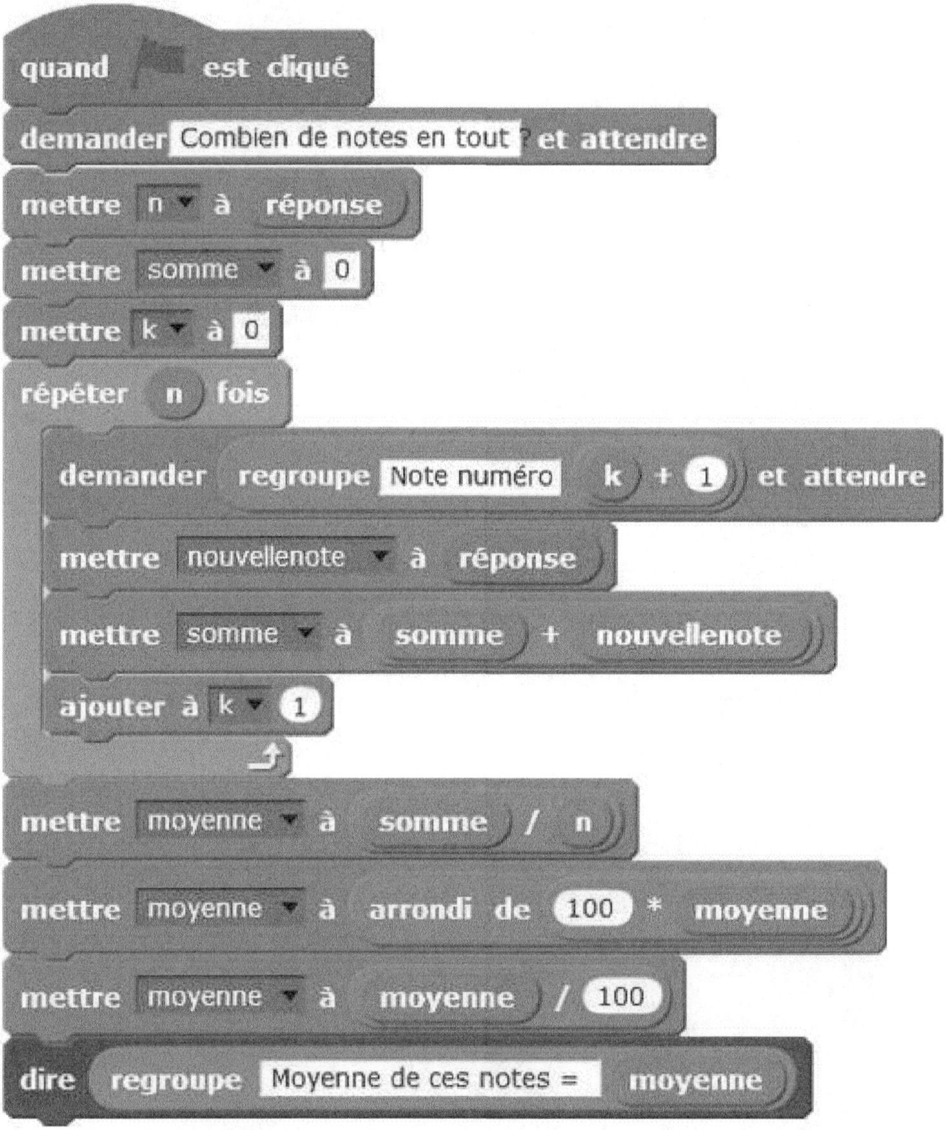

2. Recherche de la note la plus basse et de la note la plus haute.

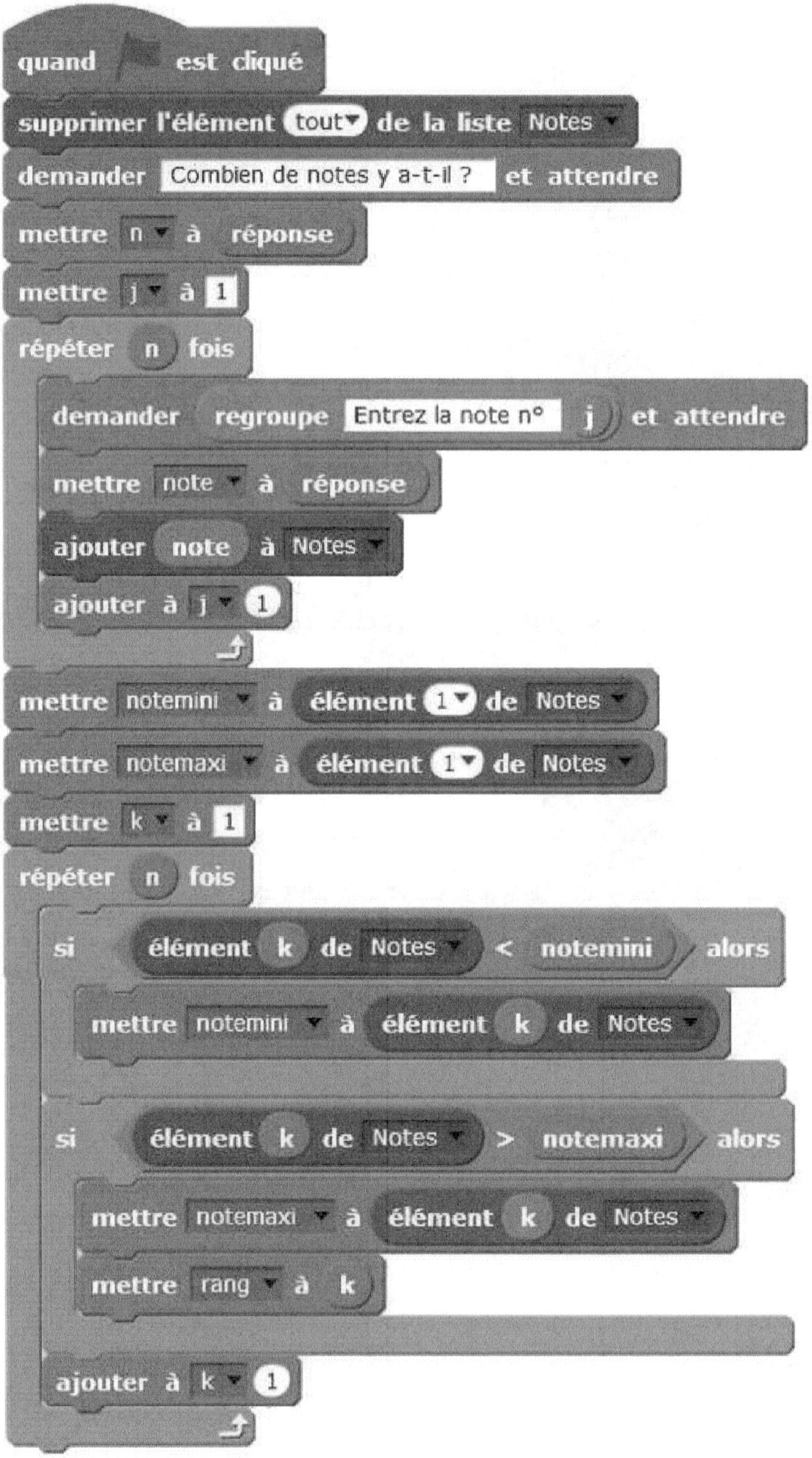

3. Tri d'une liste de notes : le programme étant assez long, en voici la première partie.

Et voici la seconde partie :

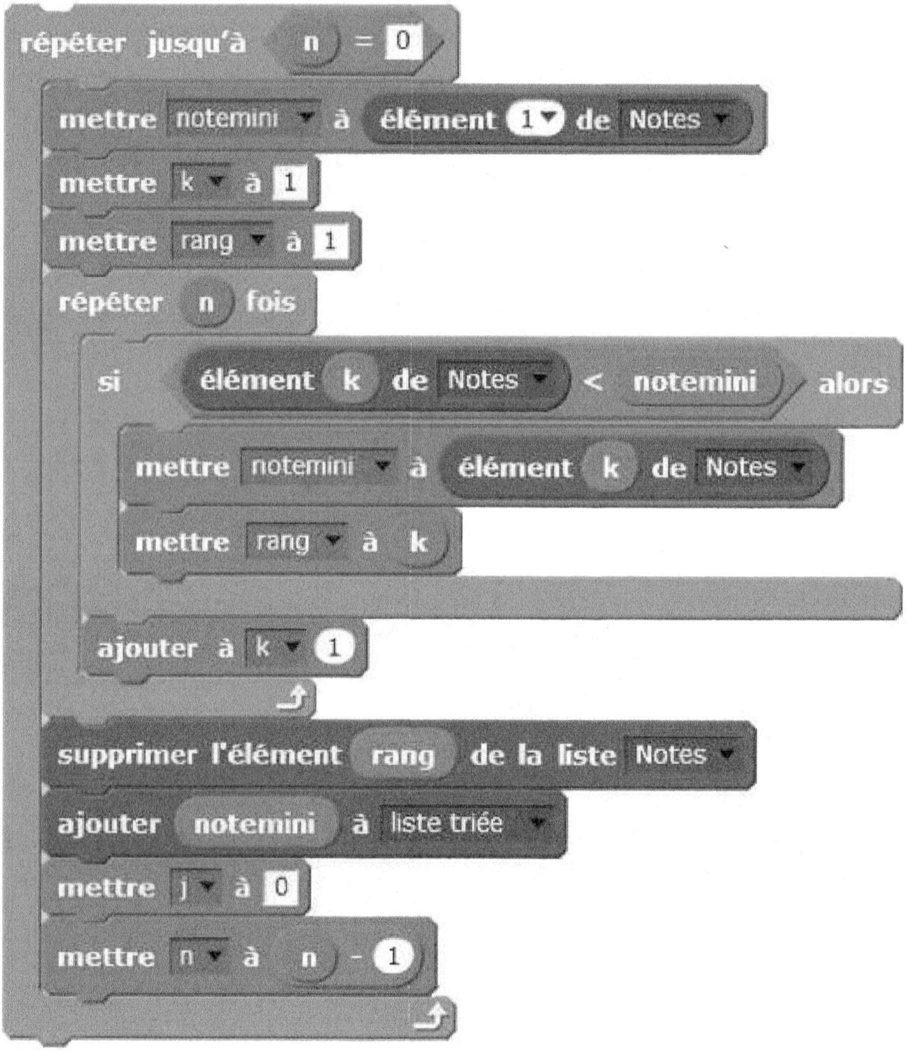

5. Index des programmes

Leçon 09 : le hasard avec Scratch

Les travaux pratiques